Die Centralisation der Arbeiter-Versicherung

unter besonderer Berücksichtigung

der

„Grundzüge
zur Alters- und Invalidenversicherung der Arbeiter".

Eine Skizze

von

Dr. jur. Richard Freund,
Magistrats-Assessor in Berlin.

Berlin.
J. J. Heines Verlag.
1888.

Druck von Albert Koenig in Guben.

Vorwort.

Der Schluss eines von mir in Schmoller's Jahrbüchern veröffentlichten Aufsatzes über „Das berufsgenossenschaftliche Princip im Krankenversicherungsgesetze“ lautete:

„. . . man führe die äusserste Centralisation der Krankenversicherung nach örtlichen (Gemeinde-) Bezirken durch und übertrage dieser Organisation auch die Unfallversicherung. Die enorme Ersparniss an Verwaltungskosten, die Einfachheit des ganzen Organismus und die damit verbundene grosse Erleichterung in der gesammten Durchführung der Versicherung würden etwaige andere durch die Verschiedenheit der Unfallsgefahr entstehende Nachtheile — welche auch durch Einführung von Gefahrenklassen abgeschwächt werden könnten — weit überwiegen. Die so geschaffene Organisation würde dann sicherlich eine geeignete Grundlage für den weiteren Ausbau der Socialreform bilden können.“

Den in dieser Schlussbemerkung liegenden Gedanken habe ich in der vorliegenden Skizze weiter ausgeführt. Meinen ursprünglichen Plan einer umfangreicheren und eingehenderen Bearbeitung der Materie habe ich aufgeben müssen, weil mir eine alsbaldige Publikation zu einer Zeit, wo das öffentliche Interesse in gesteigertem Maasse der Frage der Organisation der Arbeiterversicherung zugewendet ist, zweckmässiger erschien.

Einen wesentlichen Zweck der vorliegenden Arbeit würde ich schon damit erreicht sehen, wenn durch dieselbe die Diskussion über die vorgeschlagene Organisations-Form angeregt würde.

Berlin, im Januar 1888.

R. Freund.

I. Die durch die neueren sozialreformatorischen Gesetze organisirte Arbeiter-Versicherung gelangt in den verschiedenartigsten Formen zur Durchführung.

In der Kranken-Versicherung allein finden wir sieben Kassen-Einrichtungen, nämlich: Gemeinde-Krankenversicherung, Orts-Krankenkasse, Betriebs-Krankenkasse, Bau-Krankenkasse, Innungs-Krankenkasse, freie Hilfskasse und Knappschaftskasse.

Die Unfall-Versicherung erfolgt principiell durch die Berufsgenossenschaften. An die Stelle derselben tritt jedoch hinsichtlich gewisser Reichs- und Staats-Betriebe das Reich bezw. der Staat. (Ausdehnungsgesetz vom 28. Mai 1885, §§ 2 ff.) Ferner können bei den Preussischen Berufsgenossenschaften der land- und forstwirthschaftlichen Betriebe, die genossenschaftlichen Geschäfte auf bestehende Organe der Selbstverwaltung übertragen werden (Gesetz vom 20. Mai 1887, Art. IV). Die Unfall-Versicherung der bei Bauten beschäftigten Personen erfolgt nach dem am 1. Januar 1888 in Kraft getretenen Reichsgesetz vom 11. Juli 1887 neben den Berufsgenossenschaften durch das Reich, die Bundesstaaten, die Gemeinde-Verbände und durch besondere innerhalb der Berufsgenossenschaft errichtete Versicherungs-Anstalten. Ob die beabsichtigte weitere Ausdehnung der Unfall-Versicherung noch andere Organisations-Formen bringen wird, steht dahin.

Die Alters- und Invaliden-Versicherung soll nach den veröffentlichten Grundzügen zwar durch die Berufsgenossenschaften, aber mit Hilfe besonderer, innerhalb der Berufsgenossenschaften zu bildender, Invaliden-Versicherungs-Anstalten erfolgen. Neben den Berufsgenossenschaften kommen noch, wie bei der Unfall-Versicherung, das Reich, die Bundesstaaten, Communal-

Verbände und andere öffentliche Corporationen mit der Maassgabe in Betracht, dass hier besondere Versicherungs-Anstalten nicht errichtet werden. Endlich erscheinen noch als besondere Träger der Invaliden-Versicherung für die nicht unfallversicherungspflichtigen Personen, die weiteren Communal-Verbände.

Dass diese grosse Anzahl und Verschiedenheit der Organisations-Formen, weit entfernt die Durchführung der Arbeiter-Versicherung zu erleichtern und zu vereinfachen, vielmehr geeignet ist, dieselbe ganz erheblich zu erschweren und zu kompliciren, wird ohne weitere Beweisführung zugegeben werden müssen. Es kann sich nur fragen: Ist die gegenwärtige und weiterhin beabsichtigte Organisation nothwendig, um überhaupt die Durchführung der Arbeiter-Versicherung ermöglichen zu können, oder ist diese absolute Nothwendigkeit nicht vorhanden und lässt sich nicht vielmehr mit einem weit einfacheren Versicherungs-Apparat der angestrebte Zweck zum Mindesten ebenso sicher erreichen?

Bezüglich der Kranken-Versicherung habe ich bereits in dem Aufsatze „Das berufsgenossenschaftliche Princip im Kranken-Versicherungsgesetze u. s. w. (in Schmoller's Jahrbüchern für Gesetzgebung, Verwaltung und Volkswirthschaft N. F. 11. Jahrgang 2. Heft S. 25—55) den Nachweis zu führen versucht, dass eine auf lokaler Centralisation beruhende Organisation die billigste und einfachste Versicherungs-Form darstellen würde. Um diese Organisation zu erreichen, ist vor Allem nothwendig: das Aufgeben des sogenannten berufsgenossenschaftlichen Princips. Weit stärker als bei der Kranken-Versicherung kommt dieses Princip bei der Organisation der Unfall- und Invaliden-Versicherung zur Geltung. Aber auch hier muss dieses Princip fallen gelassen werden. Man muss einerseits zu der Ueberzeugung kommen, dass die berufsgenossenschaftliche Organisation der Versicherungs-Anstalten für die Durchführung der Versicherung keine absolute Nothwendigkeit bildet, man muss aber auch andererseits für die Frage der Organisation lediglich reine Zwecke der Versicherung maassgebend sein lassen und bei Collison dieser Zwecke mit ausserhalb derselben liegenden Wünschen die letzteren rücksichtslos zum Opfer bringen.

Bei der Organisirung der Arbeiter-Versicherung und bei dem in Aussicht genommenen weiteren Ausbau derselben, hat man indess weniger Gesichtspunkte vorwalten lassen, welche auf eine möglichst praktische, einfache und zweckmässige Durchführung der Versicherung hinzielen als vielmehr das Bestreben, durch die organisatorischen Einrichtungen der Arbeiter-Versicherung eine weitere soziale Reform anzubahnen: Die berufsgenossenschaftliche Gliederung der gesammten gewerblichen Bevölkerung. In der Begründung aller bezüglichen Gesetzesvorlagen wird auf das „berufsgenossenschaftliche Princip" in einer Weise der Ton gesetzt, dass man unwillkürlich in Zweifel geräth, ob der Hauptzweck des Gesetzes die Versicherung oder die berufsständische Gliederung sein soll. Und doch sollte zweifellos das Endziel der gesammten Versicherungs-Gesetzgebung sein: Schutz der Arbeiter-Bevölkerung gegen die durch Krankheit, Unfall u. s. w. hervorgerufenen wirthschaftlichen Nachtheile, Aufbesserung ihrer gesammten wirthschaftlichen Lage. Dieses Ziel in höchst vollkommener Weise zu erreichen, darin müssen sich die Bestrebungen aller derjenigen vereinigen, welche mit der Allerhöchsten Botschaft vom 17. November 1881 der Ueberzeugung sind, „dass die Heilung der sozialen Schäden nicht ausschliesslich im Wege der Repression sozial-demokratischer Ausschreitungen, sondern gleichmässig auf dem der positiven Förderung des Wohles der Arbeiter, zu suchen sein werde".

Der Schwerpunkt dieser durch die Arbeiter-Versicherung zu lösenden sozialen Frage liegt somit in der materiellen, finanziellen Seite. Der maassgebendste Gesichtspunkt für die Organisation der Versicherung muss der sein: die Versicherung so wenig drückend, so billig wie möglich zu gestalten. Auf die Billigkeit der Versicherung hat nicht nur die Grösse des eigentlichen Versicherungs-Risiko's, sondern auch die Höhe der Verwaltungskosten Einfluss. Man darf also nicht in dem Bestreben, durch Schaffung einer breiten Unterlage der Versicherung das Risiko möglichst zu verkleinern, so weit gehen, dass der Verwaltungs-Apparat der so geschaffenen Organisation ein derartig umfangreicher und kostspieliger wird, dass das Gegentheil von dem beabsichtigten Zwecke erreicht wird. Mithin kommt zu dem Erfordernisse eines kleinen Versicherungs-

Risiko's noch das wesentliche Erforderniss einer billigen Verwaltung. Mit der Billigkeit des Verwaltungs-Apparates steht in nothwendiger Wechselwirkung dessen Einfachheit und Durchsichtigkeit. Das kommt wiederum der gesammten Durchführung der Versicherungsgesetze zu Gute: möglichst wenig Belästigung der betheiligten Kreise, schnelle und sichere Funktionirung des Versicherungs-Apparates sind geeignet, Gegenströmungen der mannigfachsten Art einzudämmen.

Während man also die Lösung der Organisations-Frage unter gleichmässiger Berücksichtigung der angegebenen Gesichtspunkte versuchen sollte, hat man sich durch Hineinziehung eines Nebenzweckes in einer Weise die Hände gebunden, die die Bildung einer den Versicherungs-Zwecken völlig entsprechenden Organisation fast zur Unmöglichkeit macht. Man zieht für die Nothwendigkeit der berufsgenossenschaftlichen Organisation Gründe herbei, welche entweder nicht zutreffen, oder doch nicht so schwerwiegend sind, dass sie die Möglichkeit jeder andern Organisation schlechterdings ausschliessen. So lange die Verquickung der Versicherungszwecke mit den „weiteren sozialpolitischen Zielen“ nicht beseitigt wird, so lange wird eine unbefangene und lediglich von Zweckmässigkeits-Rücksichten beeinflusste Beurtheilung der Organisations-Frage nicht Platz greifen können. Die Aufgaben der Arbeiter-Versicherung sind so gross und so schwierig, dass die zu ihrer Bewältigung geschaffene Organisation nicht noch mit anderweiten Aufgaben belastet werden kann: Man bilde eine zweckmässige lokale Organisation, welche ausschliesslich Träger der Arbeiter-Versicherung ist und weise die ausserhalb der Versicherung liegenden sozialen Aufgaben besonderen Berufsverbänden zu. Dass die Lösung der grossen gewerblichen Fragen: Lohnhöhe, Arbeitszeit, Sonntagsarbeit, Kinder- und Frauen-Arbeit, Preisregelung, Produktionsregelung u. s. w. nur für die einzelnen Gewerbszweige durch besondere Berufsverbände erfolgen kann, bedarf keiner weiteren Begründung. Grosse, das ganze Reich umfassende Verbände mit lokalen, auf die Gemeindebezirke beschränkten Sektionen, in welchen Arbeitgeber und Arbeitnehmer gleichmässig vereinigt sind, wären hier am Platze. Dass dagegen für die Arbeiter-Versicherung eine auf lokaler Centralisation beruhende Organisation am zweckentsprechendsten ist, soll im Folgenden darzulegen versucht werden.

II. Bezüglich der Kranken-Versicherung hatte ich mich am Schlusse des oben citirten Aufsatzes in folgenden Sätzen resumirt:

1) die Vielheit der Kassen hindert eine kräftige Entwickelung derselben, es ist daher
2) auf eine möglichste Verringerung der Kassen hinzustreben und zur Erreichung dieses Zweckes muss
3) das berufsgenossenschaftliche Prinzip in der Organisation der Krankenversicherung aufgegeben werden.

Zunächst soll die durch das berufsgenossenschaftliche Prinzip bedingte Vielheit der Orts-Krankenkassen beseitigt werden: Für jeden Bezirk erfolgt die Versicherung in einer gemeinsamen Orts-Krankenkasse, die Gemeindekrankenversicherung kommt in Wegfall. Es ist anzunehmen, dass durch eine derartige Organisation die zugelassenen Innungs-Krankenkassen und freien Hilfs-Kassen konkurrenzunfähig gemacht werden, will man aber die centralisirte Organisation der Kranken-Versicherung zur Grundlage für die gesammte Arbeiter-Versicherung machen, so wird man nicht abwarten können, ob diese Annahme zutrifft, vielmehr wird es sich empfehlen, im Wege der Gesetzgebung die Konkurrenz dieser Kassen zu beseitigen. Bezüglich der Innungs-Krankenkassen wird man sich bei ihrer gegenwärtig noch geringen Bedeutung*) leicht zu dieser Maassregel entschliessen können. Nothwendig sind diese Kassen neben den Orts-Krankenkassen keineswegs. Es gelangen jetzt zwei besondere Systeme von Berufs-Krankenkassen zur Ausbildung, welche sich nothwendigerweise gegenseitig bekämpfen müssen mit dem Ziele: Entweder Orts- oder Innungs-Krankenkassen. Man beuge also den vorauszusehenden Folgen dieses unnützen und die allgemeine Durchführung der Kranken-Versicherung äusserst erschwerenden Kampfes bei Zeiten vor. Die Innungs-Krankenkassen werden darum nicht gänzlich ver-

*) Im Deutschen Reich waren am Schlusse des Jahres 1885, 224 Innungs-Krankenkassen mit 24 879 Mitgliedern vorhanden.

schwinden, sondern sich auf die sehr wohlthätige Versicherung der nicht versicherungspflichtigen Mitglieder der Innung beschränken.

Hinsichtlich der freien Kassen ist schon jetzt — und zwar gerade in letzter Zeit — eine lebhafte Strömung zu Tage getreten, welche dahin geht, entweder den § 75 K.-V.-G. gänzlich zu streichen, oder doch zum Mindesten diesen Kassen eine Reihe von Verpflichtungen aufzuerlegen, mit denen die Orts-Krankenkassen bereits belastet sind und auf diese Weise den freien Kassen ihre jetzige privilegirte Stellung zu nehmen. Wird die zweite Alternative gewählt — und die Gesetzgebung wird sich dem Vorgehen nach einer von beiden Richtungen hin nicht entziehen können — so wird thatsächlich damit die erste Alternative erreicht werden. Denn schwerlich wird wohl eine freie Kasse den alsdann erweiterten Anforderungen des § 75 genügen können oder wollen. Man greife also von vornherein zu dem ersten Radikal-Mittel und lasse die freien Kassen nur als Zuschuss-Kassen bestehen.*)

---

*) Ueber die Frage der freien Kassen habe ich mich in einer Entgegnung auf einen Artikel der „Breslauer Zeitung" in No. 763 (Jahrg. 1887 dieser Zeitung) wie folgt des Näheren ausgesprochen:

Durch die Einführung des Versicherungszwanges soll nicht nur die Verbreitung der Wohlthaten der Versicherung, sondern auch die Möglichkeit erreicht werden, überhaupt die Kassenorganisation zu Stande zu bringen und lebensfähig zu erhalten. Die Orts-Krankenkassen sind die eigentlichen Träger der Krankenversicherung, und diejenige Gemeinde, welche von dem Rechte, Orts-Krankenkassen zu errichten, keinen Gebrauch macht und sich lediglich auf die Gemeinde-Krankenversicherung beschränkt — ohne dass dies durch besondere lokale Verhältnisse geboten erscheint — handelt sicherlich nicht im Sinne des Gesetzgebers.

Den Orts-Krankenkassen sind gewisse Aufgaben zugewiesen, welche über den Rahmen der gewöhnlichen Krankenversicherung hinausgehen, und deren Erfüllung einen ganz wesentlichen Bestandtheil der durch das Krankenversicherungsgesetz angebahnten Socialreform bildet. Hierzu gehört die Gewährung des Sterbegeldes, die Leistung der Wöchnerinnen-Unterstützung, die Unterstützung Erwerbsloser (theilweise Lösung des Problems der Versicherung gegen Arbeitslosigkeit) und schliesslich die unbedingte Verpflichtung, jeden Arbeiter, welcher in einem versicherungspflichtigen Betriebe beschäftigt ist, zu versichern. Wenn nun das Gesetz auch die Versicherung bei denjenigen freien Hilfskassen zuliess, welche die Leistungen der Gemeindekrankenversicherung gewähren, so sollte keines-

Was des Weiteren die Betriebs-Krankenkassen anlangt, so werden dieselben nur dort zugelassen werden dürfen, wo hierfür eine, insbesondere in den lokalen Verhältnissen begründete, Nothwendigkeit vorhanden ist. Eine solche Nothwendigkeit wird in der Regel nicht für solche Betriebe anerkannt werden können, welche innerhalb der Stadtbezirke gelegen sind. Den zugelassenen Betriebs-Krankenkassen — und auch den Knappschafts-Kassen — wird aber dann die selbständige Uebernahme auch der gesammten übrigen Arbeiter-Versicherung zugemuthet werden müssen.

---

wegs damit ausgedrückt sein, dass durch Gewährung dieser Leistungen den Zwecken des Gesetzes Genüge geschehen sei, sondern man hatte damit lediglich einen Modus finden wollen, um sich mit der bestehenden Institution der freien Kassen abzufinden. Träte daher der Fall ein, dass der grösste Theil des versicherungspflichtigen Arbeiterstandes bei den freien Kassen versichert sei, so würde diese Thatsache allein zur Zurücknahme der Zulassung der freien Kassen genügen. Die Zurücknahme müsste aber auch schon in Frage kommen, wenn dieser Fall nur für gewisse Bezirke einträte — und thatsächlich vertheilen sich die Mitglieder der freien Kassen nicht gleichmässig auf das Deutsche Reich, sondern finden sich in beträchtlicher Zahl nur in bestimmten Bezirken — so dass es den Orts-Krankenkassen unmöglich würde, ihre Aufgabe überhaupt oder in genügender Weise zu erfüllen. In letzterer Beziehung ist besonders hervorzuheben, dass der Versicherungszweck erst dann in vollkommener Weise erreicht wird, wenn die Versicherung so gut und billig wie möglich erfolgt. Erfahrungsgemäss können aber hohe Leistungen bei niedriger Prämie nur von Kassen mit sehr grosser Mitgliederzahl gewährt werden, und so ist es klar, dass die Entziehung der Mitglieder durch die freien Kassen der Entwicklung der Orts-Krankenkassen vom grössten Nachtheile ist. In Berlin ist gleich nach Einführung des Krankenversicherungsgesetzes eine Ortskrankenkasse zur Auflösung gekommen und einer zweiten Ortskrankenkasse droht dadurch dasselbe Schicksal, dass die Mehrzahl der Mitglieder sich zur Gründung einer freien Kasse vereinigt und ihren Austritt zum 1. Januar 1888 angemeldet hat. Bei weitem grössere Klagen werden aber ganz besonders aus sächsischen Bezirken (Dresden, Chemnitz, Leipzig), sowie aus Hamburg und Lübeck laut. Sollte es sich herausstellen, dass diese Klagen berechtigt sind — eine diesbezügliche Feststellung würde keine Schwierigkeiten bieten — dass insbesondere durch den Zuwachs der gegenwärtig den freien Kassen angehörenden Personen die Orts-Krankenkassen in die Lage kommen würden, die Prämie erheblich herabsetzen zu können, so sollte man keine Bedenken tragen, mit dem Radikalmittel, der Streichung des § 75, vorzugehen. Es möge schliesslich noch auf einen Punkt aufmerksam gemacht werden.

Die freien Kassen brauchen bekanntlich nur diejenigen Leistungen zu gewähren, welche in der Gemeinde, in deren Bezirk die Kasse ihren

Für die Kranken - Versicherung sollen also lokale Organisationen geschaffen werden, in welchen sich der gesammte versicherungspflichtige Arbeiterstand vereinigt.*) Eine Beschränkung auf die Gemeindebezirke ist hierbei keineswegs nothwendig; vielmehr werden die Bezirke so abzugrenzen sein, dass die vorhandene Arbeiterzahl eine genügende Grundlage für die Tragung des Versicherungs-Risikos bildet, es werden ferner Bestimmungen getroffen werden müssen, welche es ermöglichen, jeder Zeit eine Veränderung in den territorialen Grenzen eintreten zu lassen.**)

Sitz hat, nach Maassgabe des § 6 von der Gemeinde-Krankenversicherung zu gewähren sind. Nun ist aber der für die Höhe des Krankengeldes maassgebende durchschnittliche Tagelohn ein sehr verschiedener, so dass z. B. Breslauer Mitglieder von freien Kassen, welche ihren Sitz in kleinen Provinzialstädten haben, ein Krankengeld erhalten, welches um die Hälfte niedriger ist, als das dem Breslauer Tagelohn entsprechende, und das sie zwingt, in Erkrankungs-Fällen die öffentliche Armenpflege in Anspruch zu nehmen. Damit wird aber der Zweck des Krankenversicherungsgesetzes völlig illusorisch gemacht. Hier kann es sich nicht darum handeln, ob man dem Arbeiter „grössere Wohlthaten aufzwingen" will, sondern darum, ob man verhüten will, dass Zweck und Absicht des Gesetzes ernstlich gefährdet werde!

*) In Bayern ist diese Organisation in der Form der Gemeindekrankenversicherung durchgeführt. (Im Königreich Bayern waren Ende 1885 überhaupt nur 10 Orts-Krankenkassen vorhanden, dagegen 3901 Gemeindekrankenversicherungs-Anstalten. Bayern links des Rheines hatte keine einzige Ortskrankenkasse). Man wird sich mit dieser Form der Centralisation aus den in der Anm. genannten Gründen nicht einverstanden erklären können. Das Institut der Gemeindekrankenversicherung sollte nur ein subsidiäres sein und war keineswegs dazu bestimmt, die gesammte Krankenversicherung in sich aufzunehmen. Gänzlich ungeeignet ist natürlich diese Organisations-Form für die Uebernahme der weiteren Arbeiter-Versicherung.

**) So hat auch der Österreichische Entwurf zu einem Krankenversicherungsgesetze, welcher sich im Uebrigen fast vollständig an das Deutsche Krankenversicherungsgesetz anlehnt, das Institut der berufsgenossenschaftlich organisirten Orts - Krankenkassen und der Gemeindekrankenversicherung nicht adoptirt, vielmehr die Bildung von Bezirks-Krankenkassen vorgesehen, welche für sämmtliche versicherungspflichtigen, nicht anderen zugelassenen Kassen angehörige Personen eines Sprengels errichtet werden. Die betreffenden Bestimmungen lauten:

„Die Bezirkskrankenkassen werden zum Zwecke der Krankenversicherung neu errichtet. Sie beruhen auf dem Grundsatze der Gegenseitigkeit.

Die so geschaffene Organisation soll nun die Basis sein für den weiteren Ausbau der Arbeiter-Versicherung, d. h. die Vereinigung des gesammten versicherungspflichtigen Arbeiterstandes eines Bezirks soll der Träger der gesammten Arbeiter-Versicherung sein. Bei der Abgrenzung der Bezirke wird daher auch auf diesen Umstand Bedacht zu nehmen sein.

Was im Allgemeinen die Vortheile einer derartigen Organisation für die Kranken-Versicherung anlangt, so habe ich dieselben in dem oben erwähnten Aufsatze ausführlich erörtert: Grosse Ersparnisse an Verwaltungs-Kosten, hohe Leistungen bei niedrigen Prämien, grösste Einfachheit und in Folge dessen prompte Funktionirung des Versicherungs-Apparates, Durchführung einer scharfen Kranken-Kontrolle, möglichst geringe Belästigung der betheiligten Personen und Behörden. Das sind unleugbar grosse Vorzüge, welchen schwerwiegende Bedenken nicht entgegenstehen. Diejenigen Städte, welche mit der Unifikation der Orts-Krankenkassen bereits vorgegangen sind, haben sehr gute Erfahrungen gemacht und es wäre nur zu wünschen, dass die Gesetzgebung bald diejenige Hilfe gewähren möge, welche zur Durchführung der allgemeinen Reorganisation nothwendig ist.

III. Die Unfall-Versicherung gelangt, wie wir oben gesehen haben, mit einem sehr umfangreichen und komplizirten Apparate zur Durchführung. Es kann hier nicht der Ort sein,

---

In der Regel soll für jeden Gerichtsbezirk eine solche Krankenkasse am Sitze des Bezirksgerichts errichtet werden. Die politische Landesbehörde ist jedoch berechtigt, mit Rücksicht auf die besonderen Verhältnisse einzelner Bezirke den Sprengel dieser Kassen in anderer Weise festzustellen und namentlich anzuordnen, dass für mehrere Gerichtsbezirke eines und desselben Landes nur eine Krankenkasse, oder dass für einen Gerichtsbezirk mehrere Krankenkassen errichtet werden. In gleicher Weise ist die politische Landesbehörde berechtigt, im einzelnen Falle den Sitz der Krankenkasse zu bestimmen. Der politischen Landesbehörde ist ferner das Recht vorbehalten, die Sprengel der Bezirkskrankenkassen zu ändern, mehrere solcher Kassen zu einer einzigen zu vereinigen oder die Theilung einer solchen Kasse anzuordnen. Vor jeder solchen Verfügung sind die betheiligten Kassen einzuvernehmen."

um eingehend und detaillirt das ganze System der Unfall-versicherungsgesetze einer Erörterung zu unterziehen, es soll vielmehr nur versucht werden, in grossen Umrissen darzuthun, dass die Durchführung der Unfall-Versicherung mit einem weit einfacheren Apparate zu ermöglichen und dass dieser Organisation vor dem gegenwärtigen System der Vorzug zu geben sein dürfte.

Die Hauptträger der Unfall-Versicherung sind die Berufsgenossenschaften, d. h. grosse, über das ganze Reich oder Theile desselben sich erstreckende Vereinigungen der Unternehmer von berufsgleichen oder -verwandten versicherungspflichtigen Betrieben.

In den Motiven wird die Wahl dieser Organisations-Form weniger von versicherungstechnischen und praktischen, als von sozialpolitischen Gesichtspunkten aus begründet: „In der Gemeinsamkeit des Berufs wurzele die Gemeinschaft der sozialen Pflichten und Interessen und die gesammte Entwickelung unseres öffentlichen Lebens weise für die Lösung der hieraus erwachsenden Aufgaben auf die genossenschaftliche Form hin. . . . . . Durch wirthschaftliche Krisen sei seit einer Reihe von Jahren in industriellen Kreisen die Ueberzeugung von der Nothwendigkeit eines engeren Zusammenschlusses der Berufsgenossen wachgerufen worden, um mit gemeinsamen Kräften der Lösung der ihnen auf wirthschaftlichem Gebiet obliegenden gemeinsamen Aufgaben anzustreben."

Man hat also bei der Construirung dieser Versicherungs-Träger nicht in erster Linie und keineswegs in besonderem Maasse an die unmittelbar vorliegende Aufgabe der Unfall-Versicherung oder die Versicherung überhaupt, sondern vielmehr an die Lösung der grossen wirthschaftlichen, insbesondere die grossindustriellen Kreise berührenden und vielleicht auch weiterhin politischer Fragen gedacht. Es soll hier nicht erörtert werden, ob denn auch wirklich Aussicht vorhanden ist, dass sich die Hoffnungen und Pläne, welche mit der Bildung dieser Organe verknüpft waren, verwirklichen werden; gerade in jüngster Zeit hat sich mit Bezug auf diese Hoffnungen und Pläne aus bedeutenden betheiligten Kreisen eine energische und sehr bemerkenswerthe Gegenströmung geltend gemacht. Wir wollen hier nur wiederholt hervorheben: Bezweckt die Versicherungsgesetzgebung in der Hauptsache die möglichst billige und in der Form einfache Sicherstellung der Arbeiter gegen die durch Krankheit, Unfall u. s. w. hervorgerufenen wirthschaftlichen Nachtheile, oder sind dies Alles nur Nebenzwecke, die vor den „weiteren sozialpolitischen Zielen“ zurücktreten müssen? Bejaht man die erste Alternative, und man sollte wohl kein Bedenken tragen dies zu thun, so wird man mit den bisherigen Organisations-Prinzipien vollständig brechen müssen.

Die Hauptmängel der gegenwärtigen Organisation sind: Schwerfälligkeit, Complicirtheit und grosse Kostspieligkeit des Versicherungs-Apparates. Alle diese Mängel lassen sich auf eine Ursache zurückführen, nämlich: die allzugrosse räumliche Ausdehnung der Verbände.

Das Gesetz selbst erkennt an, dass derartig grosse Verbände für die Führung der eigentlichen Verwaltungsgeschäfte untauglich sind und lässt die Dezentralisation der Verwaltung durch Einführung von Sektionen und Vertrauensmännern zu.*) Wir möchten meinen, dass es des Oberbaues der Berufsgenossenschaften gar nicht bedürfte, dass vielmehr unmittelbar zu Trägern der Versicherung, auf kleinere Bezirke beschränkte Verbände gemacht werden könnten. Um die nöthige breite Unterlage für die Versicherung zu erhalten, ginge es allerdings nicht an, innerhalb der kleineren Bezirke zahlreiche, den verschiedenen Betriebsarten entsprechende Berufsverbände zu bilden, sondern die Basis für die Versicherung müsste sein: der gesammte innerhalb des Bezirks vorhandene versicherungspflichtige Arbeiterstand. Die gegenwärtige Grösse der Verbände ist ja wesentlich bedingt durch die Beschränkung derselben auf bestimmte Betriebsarten; fällt diese Beschränkung hinweg, so schwindet damit auch die Nothwendigkeit der grossen räumlichen Ausdehnung.

Ist nun aber durch die Centralisation der Kranken-Versicherung eine zweckentsprechende lokale Organisation bereits geschaffen, so ist die Uebertragung der Unfallversicherung auf dieselbe von selbst gegeben.

---

*) Die 62 Berufsgenossenschaften haben denn auch 366 Sektionen und 6501 Vertrauensmänner eingeführt.

Schon der zweite Entwurf eines Unfall-Versicherungsgesetzes vom 8. Mai 1882 *) hatte eine mehr lokale Organisation vorgesehen: Sämmtliche Betriebe sollten zunächst in Gefahrenklassen eingetheilt, die denselben Gefahrenklassen angehörenden Betriebe eines Bezirks zu einer Betriebsgenossenschaft vereinigt und das Risiko der Versicherung zum Theil der Genossenschaft, zum Theil der Gefahrenklasse zur Last gelegt werden. Noch näher der von uns befürworteten Organisation kommt die in demselben Entwurfe vorgesehene Bildung von Verbänden für alle diejenigen Betriebe innerhalb des Bezirkes, welche zwar verschiedenen Gefahrenklassen angehören, für welche aber die Bildung besonderer Betriebsgenossenschaften wegen ihrer kleinen Zahl nicht thunlich erscheint. Hier ist also dem berufsgenossenschaftlichen Princip nur insoweit Rechnung getragen, als, wie bei den Betriebsgenossenschaften, einen Theil des Risiko's die betreffenden Gefahrenklassen tragen, als ferner die Erhebung der Beiträge unter Berücksichtigung der bei den einzelnen Betrieben vorhandenen verschiedenen Unfallsgefahr erfolgt. Die Einführung der Gefahrenklassen und die Uebertragung eines Theils des Risiko's auf dieselben, hatte der Entwurf nur deshalb vorgesehen, um bei der lokalen Begrenzung der Betriebsgenossenschaften eine breitere Unterlage der Versicherung zu gewinnen. Dieser Grund fällt weg mit der Vereinigung sämmtlicher Betriebe des Bezirks in eine Genossenschaft, vorausgesetzt, dass die Abgrenzung der Bezirke in zweckentsprechender Weise erfolgt.

Trotzdem ist die Eintheilung in Gefahrenklassen beizubehalten und zwar zum Zwecke einer möglichst gerechten Vertheilung der Versicherungslasten. Die Erhebung der Beiträge soll in dieser Beziehung nach denselben Principien erfolgen, wie gegenwärtig bei den Berufsgenossenschaften. Nur soll nicht, wie bisher, für jede Genossenschaft ein besonderer Gefahren-Tarif aufgestellt werden, sondern, im Interesse einer möglichsten Vereinfachung des Apparates erfolgt, wie in dem zweiten Entwurfe vorgesehen, die Bildung von grossen Gefahrenklassen für sämmtliche Betriebe.

*) Stenographische Berichte über die Verhandlungen des Reichstags, 5. Legislaturperiode, II. Session 1882/83, Fünfter Band, Aktenstück Nr. 19.

Bei der Kranken-Versicherung liegt die Nothwendigkeit einer Eintheilung in Gefahrenklassen nicht vor, da, wie ich dies auch in meinem erwähnten Aufsatze auszuführen versucht habe, die Verschiedenheit der gewerblichen Beschäftigung bei der Krankheitsgefahr keine zu grosse Rolle spielt. Auch dürfte es im Allgemeinen von ethischen Gesichtspunkten aus vielleicht weniger unbillig sein, als vielmehr der Gerechtigkeit entsprechen, wenn die weniger gefährlichen Betriebe durch eine einheitliche Beitragserhebung die gefährlicheren entlasteten, wenn die Arbeiter, welche geringeren Gefahren ausgesetzt sind, ihren unglücklicher gestellten Kameraden zu einer billigeren Prämie verhelfen würden. Indess, um allen Einwendungen, welche gerade aus der Verschiedenheit der „Gefahr" gegen unificirte Kasseneinrichtungen erhoben werden, zu begegnen, wird es sich empfehlen, mit Bezug auf die Beitragserhebung die Eintheilung von Gefahrenklassen vorzusehen.*) Es ist richtig, dass auch durch diese Modification nicht eine volle gerechte Vertheilung der Lasten erzielt wird; indess diesem Einwande mag mit folgender Erwägung begegnet werden: Will man wirklich für die Arbeiterversicherung eine einfache Organisation erzielen, will man bestrebt sein, die Durchführung der Versicherung so einfach, wie möglich zu gestalten, und jede Komplikation zu vermeiden, so müssen vor diesem grossen Ziele, vor den unschätzbaren Vortheilen, welche durch Erreichung dieses Zieles gewonnen werden, alle Bedenken von relativ untergeordneter Natur zurückstehen. Man darf in dieser Frage keinen kleinlichen und engherzigen Stand-

---

*) Sichere Unterlagen für die Klassen-Eintheilung wird man nur durch langjährige Erfahrungen gewinnen können. Die Belastung der Betriebe in den einzelnen Jahren hängt oft von grossen Zufälligkeiten ab. Bezüglich der Krankheitsgefahr habe ich l. c. S. S. 37, 38 ein Beispiel angeführt. Bezüglich der Unfall-Gefahr möchte ich als Beispiel anführen, dass nach der dem Reichstage zugegangenen Nachweisung über die gesammten Rechnungsergebnisse der Berufsgenossenschaften pro 1886 (7. Leg. Periode II. Session 1887/88 No. 70) S. 8, die Brauerei- und Mälzerei-Berufsgenossenschaft mit 6,70 die zweithöchste Verhältnisszahl aufweist, während nach der Anlage zum zweiten Unfall-Versicherungsgesetz-Entwurfe (l. c. S. 218) Brauereien und Mälzereien erst in die vierte (von zehn) Gefahren-Klasse gestellt wurde.

punkt einnehmen; die Vortheile, welche für die Allgemeinheit durch die Einfachheit der Durchführung entstehen, sind so gross, dass ihnen gegenüber geringe materielle Nachtheile, welche durch die besondere Art der Durchführung einzelnen Kategorieen von Arbeitern und Arbeitgebern etwa erwachsen könnten, nicht in Betracht kommen dürfen. Von diesen Gesichtspunkten aus ist auch die Zahl der Gefahrenklassen möglichst zu beschränken: Es dürfen höchstens, wie in dem zweiten Entwurfe des Unfall-Versicherungsgesetzes*) vorgesehen, zehn solcher Klassen zur Bildung kommen. Eine grössere Anzahl von Klassen würde die Durchführung zu sehr erschweren.

Was die Aufbringung der Mittel für die Kosten der Unfall-Versicherung im Speziellen anlangt, so geschieht dieselbe gegenwärtig im sog. Umlageverfahren. Es wird sich bei der vorgeschlagenen veränderten Organisation empfehlen, dies Verfahren nicht beizubehalten, vielmehr die Beiträge einfach in Form eines Zuschlags der Arbeitgeber zu den Krankenkassenbeiträgen zu erheben.

Man hat die Nothwendigkeit der Bildung grosser Berufsverbände damit motivirt, dass im Gegensatze zur Kranken-Versicherung, das Risiko der Unfall-Versicherung zu gross sei, als dass es von kleineren Verbänden getragen werden könnte. Die Ausgaben der Berufsgenossenschaften an Entschädigungsbeträgen im Jahre 1886 haben betragen rund 1 700 000 Mk., d. h. rund Einen Pfennig pro Woche und Kopf der rund 3 400 000 versicherten Personen. Nach 17 Jahren würden die Kosten der Unfall-Versicherung — nach einer seiner Zeit regierungsseitig aufgestellten Berechnung — per Kopf der versicherten männlichen Personen betragen: rund 0,17 Mk. wöchentlich und im Beharrungszustande erst rund 0,29 Mk. **)

Erwägt man dem gegenüber, dass im Jahre 1885 die Ausgaben der Krankenkassen für Unterstützungen bei rund 4 Millionen Versicherten 47 Millionen Mark betragen haben, also rund 0,27 Mk. per Kopf und Woche, und dass diese Last von, zum

*) l. c. S. S. 218 ff.

**) Abgesehen von dem problematischen Werthe dieser Berechnungen, welchen eben zuverlässige Grundlagen fehlen (cf. v. Woedtke: Unfallversicherungsgesetz II. Aufl. S. 103, Anm.) würden sich diese Sätze durch Vertheilung auf sämmtliche Versicherte niedriger stellen.

grossen Theil sehr kleinen Verbänden getragen worden ist, so wird man den oben angeführten Gründen kein sonderliches Gewicht beilegen können und kein Bedenken tragen dürfen, die Last der Unfall-Versicherung auf die nunmehr bei Weitem ausgedehntere und gekräftigte Organisation der Kranken-Versicherung zu übertragen, sowie die Kosten für die Unfall-Versicherung in derselben Weise aufzubringen, wie bei der Kranken-Versicherung. Das Umlageverfahren gestaltet sich nicht so sehr einfach und setzt keinen geringen Apparat in Bewegung. Das Verfahren würde weniger komplicirt sein, wenn Kranken-Versicherungs-Beitrag und Unfallzuschuss zusammen zur Einziehung gelangen. Zudem wird, insbesondere nach Ausdehnung der Unfall-Versicherung auf die kleinen Betriebe, für viele Arbeitgeber die ratenweise Einziehung des Kostenbetrages erwünschter sein als die einmalige Erhebung des Gesammtbetrages.

Ein Beitragssatz von 5—6 Pfennig per Kopf und Woche würde für eine längere Reihe von Jahren vollständig genügen. Dieser Satz kann einheitlich zur Erhebung kommen oder mit Rücksicht auf die Verschiedenheit der Lohnhöhe.

Bezüglich der Krankenversicherung habe ich bereits in dem mehrfach erwähnten Aufsatze die Nothwendigkeit betont, für die Beitragserhebung Klassen der Versicherten nach Maassgabe des wirklichen Arbeitsverdienstes zu bilden. Die Kombination von Gefahrenklassen und Lohnklassen würde Schwierigkeiten in der Durchführung nicht bereiten.*)

Der Ueberschuss der Beitrags-Einnahme kann zur Bildung eines nicht zu grossen Reserve-Fonds verwendet werden. Jedes Jahr muss auf Grund der Rechnungs-Abschlüsse eine genaue

*) Für jede Lohnklasse wird Krankenkassenbeitrag und Unfallzuschuss besonders festgesetzt. Der Unfallzuschuss wird je nach der Gefahrenklasse in verschiedenen Prozentsätzen erhoben. Für die erste Gefahrenklasse kommt der volle Betrag mit 100 % zur Erhebung.

In jedem Quittungsbuche sind vor Aushändigung an das Mitglied folgende Rubriken auf dem Umschlage auszufüllen:

Lohnklasse:
Gefahrenklasse: Prozentsatz:
Krankenkassenbeitrag:
Unfallzuschuss:

Dadurch wird das Einziehungs-Verfahren bedeutend erleichtert und vereinfacht.

Prüfung erfolgen, ob der Beitrags-Satz genügt und die eventuelle Erhöhung oder Herabsetzung muss von Amtswegen herbeigeführt werden können. Bei Eintritt eines grossen Unglücksfalles ist die Erhebung einer einmaligen „Extrasteuer" zu gestatten. Bezüglich des Risikos der Unfallversicherung mag noch ganz besonders betont werden, dass ja nicht eine relative Steigerung, sondern eine Abnahme der Unfälle durch strenge und rücksichtslos zur Durchführung gelangende Unfall-Verhütungs-Vorschriften zu erwarten ist. Nur dürfte es wünschenswerth erscheinen, die Initiative hinsichtlich des Erlasses solcher Vorschriften nicht den Versicherungs-Verbänden zu überlassen, sondern darauf hinzuwirken, dass die zuständigen Behörden von der ihnen nach § 120 Abs. 3 der Reichsgewerbeordnung gewährten Befugniss den umfangreichsten Gebrauch machen. Für den Fall des Zuwiderhandelns sollen die höchsten Geldstrafen, welche der Versicherungs-Anstalt zufliessen, festgesetzt werden.

Des Ferneren könnte der dem Arbeitgeber unmittelbar zur Last fallende „Unfallzuschuss" beseitigt werden, da durchaus kein Grund vorhanden zu sein scheint, den beispielsweise in Folge einer Fingerverletzung Erwerbsunfähigen besser zu stellen, als den an einer schweren Krankheit Darniederliegenden. Diese Maassregel würde für den Arbeitgeber von nicht so grosser Bedeutung sein, als für die — Behörden und die Kassenverwaltung. Denn nicht gering sind die Streitigkeiten und Verwaltungs-Arbeiten, welche gerade durch die fragliche Bestimmung hervorgerufen werden.*)

Endlich wird es sich auch empfehlen, die gesammte Krankenpflege der Krankenversicherung zu überweisen, so dass der Unfallversicherung nur die Fälle dauernder Erwerbsunfähigkeit verblieben.

Die grossen Uebelstände, welche sich bisher aus dem Mangel der Continuität der Unterstützung ergaben, fallen allerdings schon dadurch hinweg, dass Unfall- und Kranken-Versicherung durch dieselbe Organisation zur Ausführung kommt; indess,

---

*) Bei einer Berliner Orts-Krankenkasse betrugen im Jahre 1887 die wegen des Unfall-Zuschusses bei Arbeitgebern gestellten Anfragen: 656, die aufgestellten Liquidationen: 349.

wäre es auch nur, um wiederum eine Komplikation zu beseitigen, so würde der Vortheil der Maassregel gross genug sein. Die Kranken-Versicherung würde dadurch keine nennenswerthe Belastung erhalten: im Jahre 1886 haben die Ausgaben der Berufsgenossenschaften für das Heilverfahren incl. der Kosten für Krankenhauspflege nur rund 200 000 M. betragen. Der Antheil der Arbeiter an dem Risiko der Unfall-Versicherung würde also dadurch nur zu einem verschwindend geringen Theile vergrössert werden.

Bei der obigen Beitragsberechnung sind Verwaltungskosten nicht in Betracht gezogen worden, und zwar aus dem Grunde, weil dieselben bei der vorgeschlagenen Organisation keinen erheblichen Faktor bilden. Gegenwärtig spielen allerdings die Verwaltungskosten im Budget der Unfall-Versicherung eine hervorragende Rolle.

Die Berufsgenossenschaften haben im Jahre 1886 verausgabt an laufenden Verwaltungs-Kosten rund 2 300 000 Mark; hierzu kommen noch die Kosten der Unfalluntersuchungen, Feststellung der Entschädigungen, des Schiedsgerichts und für Unfallverhütung mit rund 300 000 Mark, sowie einmalige Einrichtungs-Kosten mit rund 600 000 Mark.

Wir wollen nicht erörtern, ob das Verhältniss zwischen der Höhe der gezahlten Entschädigungen und dem Betrage der laufenden Verwaltungskosten, sich als ein günstiges oder ungünstiges darstellt. Es genügt für uns nur hervorzuheben, dass durch die Uebertragung der Unfall-Versicherung auf die Krankenversicherungs-Organisation für die letztere nur eine ganz geringfügige Mehrausgabe an Verwaltungs-Kosten verursacht werden würde. Dies ergiebt sich aus der blossen Erwägung, dass die Anzahl der neuen Unfälle, für welche im Jahre 1886 Entschädigungen festgestellt wurden nur 9723 betrug, der Bestand aus den Vorjahren nur 148, wogegen die Krankenversicherung im Jahre 1885 1 804 829 Fälle zu erledigen hatte. Dazu kommt, dass die meisten Fälle der Unfall-Versicherung schon gegenwärtig die Krankenversicherung beschäftigen, dass ferner die nicht unerhebliche Verwaltungs-Arbeit, welche gerade durch die Auseinandersetzungs-Geschäfte zwischen Berufsgenossenschaft und Krankenkasse entsteht, durch die Vereinigung beider Organisationen wegfällt.

Die künftige Vereinfachung des Verwaltungs-Apparates überhaupt ergiebt sich aus der Vereinigung der Organisationen von selbst: die Organe der Kranken-Versicherung, General-(Delegirten-) Versammlung nnd Vorstand werden auch Organe der Unfall-Versicherung.*) Die Centralisation der Kranken-Versicherung wird zur Folge haben, dass die Zahl der Ehrenämter sehr bedeutend vermindert wird, dass diese Aemter weit mehr als jetzt begehrt sein werden, und dass dadurch der Kassen-Verwaltung tüchtigere und brauchbarere Elemente werden zugeführt werden. Gegenwärtig ist es oft schwierig, den Vorstand überhaupt nur vollzählig zu erhalten. Die Vortheile der Selbstverwaltung drohen den betheiligten Kreisen durch die ungemessene Häufung der ehrenamtlichen Stellen zur drückenden Last zu werden, und gerade hier ist eine Abhilfe dringend geboten.

Die Feststellung der Entschädigungen erfolgt natürlich in allen Fällen durch den Vorstand, während gegenwärtig zuständig sind: Genossenschafts-Vorstand, Sektions-Vorstand, Ausschuss des Sektions-Vorstandes, besondere Kommission, örtlich Beauftragte (Vertrauensmänner).

Dem Vorstande wird die Abhaltung von mindestens einer Sitzung in der Woche zur Pflicht gemacht werden müssen und für jede Sitzung wird den Arbeiter-Vertretern eine mässige Entschädigung zuzubilligen sein. Einerseits wird dies ein Anreizungsmittel für den regelmässigen Besuch der Sitzungen sein, andrerseits soll dadurch dem Unfug gesteuert werden, welcher gegenwärtig durch die „Liquidirung der baaren Auslagen“ getrieben wird und der Kasse sicherlich theurer zu stehen kommt als die fixirten Entschädigungen.

Grosse Klagen werden jetzt auch darüber geführt, dass die Feststellung der Entschädigungen sich so sehr verzögert. Der natürliche Grund für diese Verzögerung liegt in der Organisation und wir glauben, dass die Vortheile, welche in dieser Beziehung durch die veränderte Organisation hervorgerufen werden würden,

---

*) Nur wird das Stimmenverhältniss in den die Unfall-Versicherung betreffenden Sachen zu Gunsten der Arbeitgeber regulirt werden müssen. Das wird am einfachsten dadurch erreicht, dass dem Arbeitgeber mehr als eine Stimme für jede von ihm beschäftigte versicherungspflichtige Person eingeräumt wird.

nicht die kleinsten sein werden. Aber nicht nur in dieser Beziehung, sondern auf die gesammte Durchführung der Unfall-Versicherung überhaupt wird die lokale Verwaltung der lokalen Organisation die segensreichsten Folgen haben. „Nur die Organe wenig umfangreicher Verbände sind vermöge ihres unmittelbaren Interesses an den Ergebnissen der Verwaltung und durch die Möglichkeit, in jedem einzelnen Falle selbst an Ort und Stelle zu prüfen, geeignet, die Geschäfte mit derjenigen Schnelligkeit und Sicherheit zu erledigen, durch welche gleichzeitig das Interesse der Entschädigungsberechtigten und der Verwaltung gewahrt wird.“

Diesen Ausführungen der Motive zum zweiten Unfall-Versicherungsgesetz-Entwurfe *) stimmen wir vollkommen bei, möchten aber meinen, dass dieselben nicht nur — wie nach den Motiven — für die Fälle vorübergehender Erwerbsunfähigkeit, sondern gleichmässig für alle die Unfall-Versicherung berührenden Fälle, für die gesammte Verwaltung, zutreffen. Jede langsame und nicht prompte Funktionirung des Versicherungs-Apparates, welche bei der gegenwärtigen Organisation nicht zu vermeiden ist, erregt Unzufriedenheit unter den Arbeitern und Misstrauen in die ganze Einrichtung. Sections-Vorstände, Ausschüsse der Sections-Vorstände, Kommissionen, Vertrauensmänner, alle diese Organe, welche aus dem Bedürfnisse einer lokalen Verwaltung entstanden sind, können nicht das eigentliche Organ der Verwaltung, den Vorstand, ersetzen. Der Vorstand muss unmittelbare Fühlung mit den Entschädigungsberechtigten haben, seine Mitglieder müssen in der Lage sein, sich jeder Zeit persönlich über die konkreten Verhältnisse informiren zu können, und nur dann wird er diejenige Thätigkeit entfalten können, welche zur Erzielung einer guten Verwaltung nothwendig ist. **)

Da der die Entschädigungen festsetzende Vorstand aus Arbeitgebern und Arbeitnehmern zusammengesetzt ist,

*) l. c. S. 196.

**) Man denke unter Anderem an die nothwendige Kontrolle der Pensionaire Zwecks anderweitiger Feststellung der Entschädigung bei eingetretener Veränderung in den für die Feststellung der Entschädigung maassgebend gewesenen Verhältnissen. (§ 65 des Unfall-Versicherungsgesetzes.)

so ist die Institution des Schiedsgerichts entbehrlich. Man wird indess den Arbeitnehmern bei der Entscheidung über diese Fälle nur soviel Stimmen einräumen dürfen, als die Arbeitgeber im Vorstande besitzen. Von der Entscheidung des Vorstandes findet Berufung an die Aufsichtsbehörde und gegen die Entscheidung Rekurs an das Reichsversicherungs-Amt statt. Als Aufsichtsbehörde wird die Gemeindebehörde*) zu fungiren haben. Es ist dies eine nothwendige Konsequenz der lokalen Organisation und findet noch anderweite Begründung in Umständen, welche wir bei der Invaliden-Versicherung berühren werden.

Dass die besondere „Vertretung der Arbeiter" (Abschnitt IV des Unfall-Versicherungsgesetzes) bei der vorgeschlagenen Organisation in Wegfall kommt, erscheint selbstverständlich. „Schiedsgericht" und „Arbeitervertretung" setzen gegenwärtig einen grossen Apparat in Bewegung und ihr Wegfall wird wiederum eine wesentliche Vereinfachung der Organisation zur Folge haben. —

Wir glauben hiermit die speziellen Betrachtungen über die Unfall-Versicherung schliessen zu dürfen, indem wir uns die Erörterung einiger allgemeiner, die Organisation betreffenden Fragen, für den Schluss des Aufsatzes noch vorbehalten.

IV. Auch für die bevorstehende Organisirung der Alters- und Invaliden-Versicherung der Arbeiter soll nach den bereits veröffentlichten „Grundzügen" das berufsgenossenschaftliche Princip maassgebend sein: zu Trägern dieser Versicherung sind die Träger der Unfallversicherung ausersehen. So einfach, wie es hiernach den Anschein hat, stellt sich indess die neu zu schaffende Organisation keineswegs dar.

Als die mächtige Organisation der Unfallversicherung geschaffen wurde, deutete man bereits darauf hin, dass die neuen korporativen Verbände nicht nur den Zwecken der Unfall-Versicherung dienen, sondern dass sie die Grundpfeiler bilden sollten für den weiteren Ausbau der gesammten socialen Reform. Hiernach hätte man zum Mindesten erwarten können, dass die Konstruktion dieser Verbände eine derartige sein würde, dass sie ohne jede Schwierigkeit die weitere Ausdehnung der Arbeiterversicherung, abgesehen von der nothwendigen Vergrösse-

*) Mit der Einschränkung des § 44 des Kranken-Versicherungsgesetzes.

rung des Verwaltungsapparates, in sich aufnehmen könnte. Dies trifft jedoch nicht zu und wenn die „Grundzüge" in No. 19 sagen: die Alters- und Invaliden-Versicherung erfolgt durch die zur Durchführung der Unfallversicherung errichteten Berufsgenossenschaften, so bedarf dieser Satz noch einer näheren Erklärung. Denn thatsächlich erfolgt die Durchführung der Alters- und Invaliden-Versicherung durch Invaliden-Versicherungs-Anstalten (No. 21), für welche besondere Statuten errichtet werden (No 22 Abs. 1) und für deren Verwaltung auch besondere Organe geschaffen werden können (No. 22 Abs. 3). Eine von der Berufsgenossenschaft vollständig gesonderte Verwaltung und Kassenführung ist ausdrücklich vorgeschrieben (No. 21 Abs. 2) und dadurch bedingt, dass die Mittel für die Invaliden-Versicherung in durchaus anderer Weise aufgebracht werden, wie für die Unfallversicherung. Es wird also ein neuer Versicherungs-Apparat geschaffen und dadurch die schon vorhandene Komplikation noch vergrössert.

Dem gegenüber glauben wir die Ansicht vertreten zu können, dass die Durchführung der Alters- und Invaliden-Versicherung durch die lokale Organisation der centralisirten Krankenversicherung weit einfacher und mindestens ebenso billig, als auf dem in den „Grundzügen" vorgeschlagenen Wege zu ermöglichen sein dürfte.

Was zunächst die Invaliden-Versicherung anlangt, so müssen wir vier Ursachen der Invalidität unterscheiden:

1) Unfälle im Betriebe;
2) Unfälle ausserhalb des Betriebes;
3) Krankheit;
4) allmälige Abnutzung der Arbeitskraft.

Die Invaliditäts-Fälle zu 1) scheiden aus, weil für sie die Unfallversicherung eintritt. Die Fälle zu 2) können gegenüber der Gesammtheit der Fälle nicht in Betracht kommen, ebenso wenig die Fälle zu 4). Es bleibt als Hauptfall übrig: die durch Krankheit verursachte Invalidität. Dieser Umstand allein weist deutlich darauf hin: die Invalidenversicherung im Anschlusse an die Krankenversicherung zu organisiren.

Invalidität entsteht am häufigsten als Folge chronischer

Krankheiten. Die mit solchen Krankheiten behafteten Arbeiter sind gezwungen, in längeren oder kürzeren Zwischenräumen die Krankenkassen in Anspruch zu nehmen, sie bilden so zu sagen die „Stammgäste" der Krankenkassen. Diese Kassen kennen daher ganz genau die Invaliditätsaspiranten, sie sind am besten befähigt, ein richtiges Urtheil über die Nothwendigkeit der Invalidisirung fällen zu können. Dieser letzere Umstand erweist sich ganz besonders wichtig für die Fälle, in denen die Invaliditäts-Erklärung nicht auf Antrag des Berechtigten, sondern von Amtswegen erfolgt. Bislang wurden von den Krankenkassen die grössten Klagen darüber geführt, dass sie von, mit chronischen Krankheiten behafteten Mitgliedern, welche thatsächlich invalide sind, dadurch systematisch ausgesogen werden, dass die betreffenden Personen kurz vor Beendigung der Krankenunterstützung „Gesundheit simuliren" und einige Zeit thatsächlich arbeiten um dann wieder die volle Krankenunterstützung in Anspruch nehmen zu können. Es ist nun klar, dass dies Verfahren von diesen „Vampyren" der Krankenkassen nur deswegen eingeschlagen wird, weil sie keinen Anspruch auf Invaliden-Pension haben, und dass die Einführung der Zwangs-Invaliden-Versicherung an sich die Verminderung der Zahl derartiger Fälle zur Folge haben wird; es ist indess auch zu erwägen, dass das Krankengeld bedeutend höher ist, als die Invaliden-Pension und dass dieser Umstand sehr wohl geeignet ist, dem betreffenden Mitgliede die Invaliditäts-Erklärung als unerwünscht erscheinen zu lassen. Jedenfalls haben die Kranken-Kassen das grösste Interesse an der rechtzeitigen Invalidisirung der Mitglieder, die Ausgaben der Invaliden-Kasse kommen der Kranken-Kasse zu gute und beide Versicherungen müssen hier Hand in Hand arbeiten. Abgesehen von diesen besonderen Fällen muss aber im Allgemeinen — wie oben bemerkt — der Umstand, dass die Invalidität in den meisten Fällen in unmittelbarem Anschluss an eine voraufgegangene Krankheit eintritt, die engste Verbindung beider Organisationen, d. h. die Uebertragung beider Versicherungen auf eine und dieselbe Organisation als in hohem Grade zweckmässig erscheinen lassen. Dieser Gedanke erscheint so natürlich, dass füglich nur zwingende Gründe von seiner Durchführung hätten abhalten können. Erwägt man aber die Gründe, welche die Denkschrift zu den „Grundzügen“ für den Anschluss der Invaliden-Versicherung an die Berufsgenossenschaften anführt, so wird man finden, dass hier weniger Rücksichten auf die Invaliden-Versicherung als auf die Berufsgenossenschaften obgewaltet haben. Die Berufsgenossenschaften sollen „durch Uebertragung der neuen Einrichtung einen festen Kitt und mehr Inhalt erhalten“, es soll ferner „den Bedenken begegnet werden, dass die soeben durchgeführte berufsständische Organisation für die Zwecke der Unfall-Versicherung ein zu grosser Apparat sei“. Dass es sich bei der Invaliden-Versicherung um dieselben Personen handelt, wie bei der Unfall-Versicherung, dass ferner die Invaliden-Versicherung ganz besonders auf die Selbstverwaltung der Betheiligten hinweist und dass bei gleichzeitiger Verwaltung beider Einrichtungen durch dieselben Organe auch die Verwaltungskosten gemindert werden, das Alles trifft auch bei der Kranken-Versicherung zu.

Es erweist sich eben hier wiederum als richtig, was bereits am Anfange dieses Aufsatzes über die Verquickung der berufsständischen Organisation mit der reinen Versicherungs-Frage gesagt worden ist. Würde man sich bei der Frage der Organisation der Invaliden-Versicherung nur von Zweckmässigkeitsgründen, welche die praktische Durchführung der Versicherung betreffen, haben leiten lassen, so würde man schwerlich auf den Anschluss an die Berufsgenossenschaften gekommen sein. Der Hauptgrund für den Aufbau der Invaliden-Versicherung auf die Berufsgenossenschaften ist eben: das Vorhandensein der Berufsgenossenschaften. Die kostspielige Organisation ist nun einmal da, man muss*) sie benutzen und nun quält man sich damit ab, den Inhalt in die ungeeignete Form hineinzuzwängen. Dieses Eindrucks wird man sich bei unbefangener Betrachtung der Verhältnisse kaum erwehren können. Die Invaliden-Versicherung bedarf allerdings einer

*) So erklärte auch der Regier.-Commissar bei den Berathungen des Volkswirthschaftsraths: Zur Fortführung der socialpolitischen Gesetzgebung werde man unbedingt die einmal geschaffenen Organe benutzen müssen. (Protokoll vom 8. Dezember 1887 No. 290 des Reichsanzeigers.)

breiten Unterlage, aber diese Unterlage ist auch in der lokalcentralisirten Organisation der Kranken-Versicherung vorhanden unter der gleichen Voraussetzung, wie bei der Unfall-Versicherung, dass die Abgrenzung der Bezirke in zweckentsprechender Weise erfolgt. Zudem kann hier die Organisation der Kranken-Versicherung die Invaliden-Versicherung ohne Weiteres in sich aufnehmen, die Durchführung der Invaliden-Versicherung kann in Wahrheit durch die Organisation der Kranken-Versicherung erfolgen.

Ein Hauptbedenken gegen die nicht berufsgenossenschaftliche Organisation der Invaliden-Versicherung, die Verschiedenheit der Invaliditäts-Gefahr in den einzelnen Gewerben, ist keinesfalls so schwerwiegend, dass um deswillen die Durchführung scheitern könnte. Durch die Bildung grosser Gefahren-Klassen — wie bei der Unfall-Versicherung — kann dieses Bedenken, wenn nicht beseitigt, so doch wesentlich abgeschwächt werden.

Bereits oben habe ich indess auf ein ethisches Moment gegen die Bildung von Gefahren-Klassen hingewiesen; ich möchte hier noch ein praktisches Moment hervorheben. Wenn nämlich Kranken-, Unfall- und Invaliden-Versicherung in einer Organisation vereinigt wird, so fällt die Verschiedenheit der Versicherungsrisiken gewissermaassen „durch Compensation" hinweg oder wird zum Mindesten erheblich ausgeglichen. Denn bei manchen Betrieben ist die Unfalls-Gefahr grösser und die Invaliditätsgefahr geringer, bei manchen ist es umgekehrt, bei anderen ist wiederum die Erkrankungs-Gefahr grösser als Unfall- und Invaliditäts-Gefahr. Invalidität — dies ist bereits oben bemerkt worden — tritt abgesehen von den hier nicht in Betracht kommenden Unfall-Invaliditäts-Fällen, meistens als Folge chronischer Krankheiten auf. Chronische Krankheiten, insbesondere die Schwindsucht, auf welche ein hoher Prozentsatz aller Invalidisirungen zurückzuführen ist, kommen zumeist bei denjenigen Arbeitern vor, deren Thätigkeit sie zum Aufenthalt in schlecht ventilirten, lichtlosen Arbeitsräumen und zur sitzenden Lebensweise zwingt. Gerade diese Arbeiter sind aber der Unfalls-Gefahr am Wenigsten ausgesetzt. Der Gefahr des Siechthums unterliegen dagegen in weit geringerem Maasse diejenigen Arbeiter, welche, wie z. B. die Maurer, grösstentheils im Freien arbeiten; bei diesen ist aber die Unfalls-Gefahr wiederum grösser. Endlich sind Betriebe, welche vorzugsweise weibliche Arbeiter beschäftigen, mit Krankheits-Gefahr weit mehr belastet, als mit Unfall- oder Invaliditäts-Gefahr. Vortheil bei der einen Versicherung und Nachtheil bei der anderen werden sich daher oft die Waagschale halten und nur in wenigen Fällen eine grosse Differenz ergeben. Nimmt man nun noch hinzu, um wie viel einfacher der gesammte Versicherungsapparat durch Wegfall der Gefahrenklassen sich gestaltet und welche Vortheile hierdurch erzielt werden, so wird man vielleicht auf die Bildung von Gefahrenklassen gänzlich verzichten können.

Was im Allgemeinen das Risiko der Invaliden-Versicherung anlangt, so verfügen wir leider über kein genügendes statistisches Material. Die Herbeiziehung der Armenstatistik würde keine sicheren Schlussfolgerungen zulassen können. Denn gerade der Umstand, dass bislang ein Anspruch auf Invaliden-Pension nicht bestand, zwang den Arbeiter, erst im äussersten Falle die Arbeit aufzugeben und Armen-Unterstützung in Anspruch zu nehmen. Dadurch gingen viele noch während der Arbeit zu Grunde, die Uebrigen waren so aufgerieben, dass sie nur kurze Zeit dem Armenverbande zur Last fielen. Diese Verhältnisse werden sich natürlich nach Einführung der Zwangs-Invaliden-Versicherung völlig ändern: die Zahl der „Invaliden" wird grösser werden. Andrerseits ist aber zu erwägen, dass die nicht unbeträchtliche Zahl der durch Betriebs-Unfälle herbeigeführten Invalidisirungen von der Invaliden-Versicherung ausscheidet, dass ferner die Einführung des Kranken-Versicherungs-Zwanges ganz erheblich dazu beitragen wird, die Zahl der Invaliditäts-Fälle zu vermindern. Gross ist die Zahl der Invalidisirungen, welche dadurch entstehen, dass der kranke Arbeiter nicht rechtzeitig ärztliche Hilfe in Anspruch nimmt, oder dass er zu zeitig die ärztliche Behandlung verlässt und halbsiech die Arbeit wieder aufnimmt. Diese Fälle müssen sich natürlich vermindern mit dem durch die Einführung des Kranken-Versicherungs-Zwanges geschaffenen Anspruche der Arbeiter auf Krankenpflege, mit der weiteren Vervollkommnung der Kranken-Kassen, mit der möglichsten Ausdehnung ihrer Leistungen.*) Das ist aber wiederum ein gewichtiges Moment für die Zweckmässigkeit des Aufbaues der Invaliden-Versicherung auf die Organisation der Kranken-Versicherung: die Krankenkasse hat mit Rücksicht auf die künftige Invaliditäts-Gefahr das grösste Interesse daran, dass dem erkrankten Arbeiter die möglichst sorgfältige Krankenpflege zu Theil wird. Das kommt natürlich neben der Invaliden-Kasse nicht zum Mindesten auch dem Arbeiter selbst zu Gute.

Die Grösse des Risiko's richtet sich auch nach der Höhe der Invaliden-Pension und der Grösse der Verwaltungs-Kosten. Dementsprechend wird dann die Höhe der Beiträge zu bemessen sein. Die „Grundzüge“ setzen die Höhe der Minimal-Pension für Männer einheitlich auf 120 Mark jährlich fest. Eine Erhöhung der Rente tritt ein mit der Zahl der Beitragsjahre: nach Ablauf der ersten 15 Beitragsjahre steigt die Rente mit jedem vollendeten Beitragsjahre um je 4 Mark bis zum Höchstsatze von 250 Mark. Die „Grundzüge“ rechnen aus, dass hiernach ein Arbeiter, welcher mit Beginn seines 19. Lebensjahres zur Invaliden-Versicherung beitritt, in seinem 66. Lebensjahre, also nach 48 Arbeitsjahren den Höchstsatz der Pension erwirbt. Man wird diese Pensions-Sätze als zureichend oder auch nur annähernd den Bedürfnissen entsprechend keineswegs anerkennen können.

Es mag hier hervorgehoben werden, dass die angegebenen Sätze nicht einmal die durchschnittliche Höhe der in Berlin gewährten Armenunterstützung erreichen. Nach dem „Verwaltungsbericht des Magistrats zu Berlin für die Zeit vom 1. April 1886 bis 31. März 1887 No. IX, Bericht über die städtische Armenpflege“ (Seite 5) betrug der Geldbetrag der an Almosen-Empfänger gewährten Unterstützung durchschnittlich pro Monat im Jahre 1886/87 : 11,65 Mk., im Jahre 1885/86 : 11,54 Mk., d. h. 139,80 Mk. bezw. 138,48 Mk. pro Jahr.

*) Ich denke hier ganz besonders an die Einführung der Rekonvaleszentenpflege, mit welcher die zum Gewerkskrankenvereine gehörigen Berliner Orts-Krankenkassen bereits den Anfang gemacht haben. Es ist diese, für die Arbeiter so überaus wohlthätige Maassregel der Initiative und den unermüdlichen Bestrebungen des hochverdienten Vorsitzenden dieses Vereins, Herrn Stadtsyndikus Eberty zu danken.

Die Denkschrift zu den „Grundzügen“ eröffnet bei Erörterung der Höhe der Rente eine interessante Perspektive: Die Geringfügigkeit der Rente soll dazu führen, „dass die Rentenempfänger thunlichst auf dem Lande ihre Wohnung nehmen, dadurch die Bevölkerung des platten Landes vermehren und letzterem, neben dem Reste ihrer Arbeitskraft auch vermehrten Geldumsatz zuführen.“ Man mag diesem Gedanken vom volkswirthschaftlichen Standpunkte zustimmen können, aber nicht vom allgemein menschlichen. Wohl jeder Mensch hat den sehnlichen Wunsch, den Rest seiner Tage an dem Orte zu verbringen, an welchem er durch die mannigfachsten Beziehungen, welche er durch langjährigen Aufenthalt angeknüpft und erworben, mit tausend Banden festgehalten wird, mit welchem sein ganzes Selbst verwachsen ist. Auch der Arbeiter hat seine Heimath. Und jetzt sollte als Lohn jahrelanger, angestrengtester Arbeit, als Resultat der sauren Ersparnisse, die Unzulänglichkeit der Pension den Arbeiter zwingen, siech und elend seine Heimath zu verlassen und sich an fremdem Orte und unter fremden Menschen eine neue Heimath zu gründen? Derartige Zustände wären sicherlich nur geeignet, den Arbeiter aufs Höchste zu verbittern und die angestrebten Wirkungen der Sozial-Reform völlig illusorisch machen. Wenn die Invaliden-Versicherung überhaupt zur Durchführung gelangen soll, so muss unter allen Umständen verlangt werden, dass die Pension in derselben Weise wie bei der Kranken- und Unfall-Versicherung so hoch bemessen wird, dass sie zum nothdürftigen Lebensunterhalte ausreicht. Sollte thätsächlich die Rücksicht auf die „Leistungsfähigkeit der Arbeitgeber“ und die „Exportfähigkeit der Industrie“ diese Forderung als unerfüllbar erscheinen lassen, so ist es besser, von der Durchführung der Invaliden-Versicherung gänzlich abzusehen. Wir sind indess der Meinung, dass bei zweckmässiger Organisation mit mässiger Belastung der Beitragenden die Leistung höherer Pensionen zu erzielen sein dürfte.

Das Princip der Einheitlichkeit der Rente ist zu billigen. Auch bei der von uns befürworteten lokalisirten Organisation muss dieses Princip beibehalten werden; denn die Bemessung der Pension nach der Höhe des Arbeitslohnes würde zur nothwendigen Folge haben, das Hindrängen der Arbeiter nach Orten, an welchen die höchsten Pensionen gezahlt werden. Auch würden die Arbeiter, welche bei Versicherungs-Anstalten mit niedrigen Pensionen versichert sind, darnach trachten, ihre Invaliditäts-Erklärung bei Anstalten zu erreichen, welche die höchsten Pensionen gewähren. Dazu würde ja genügen, dass der Arbeiter, welcher seine Invalidisirung herannahen fühlt, in eine versicherungspflichtige Beschäftigung an demjenigen Orte tritt, an welchem er seine Invaliditäts-Erklärung zu erreichen wünscht.

Hiermit steht auch das zweite Princip in Verbindung, dass die Leistungen von derjenigen Versicherungs-Anstalt zu übernehmen sind, zu welcher die betreffende Person bei ihrer Invaliditäts-Erklärung gehörte. Die „Grundzüge“ bringen allerdings dies Princip nicht rein zur Anwendung; sie enthalten nur die Bestimmung (No. 27, 29), dass die Invaliditäts-Erklärung, Feststellung der Renten und Zahlungs-Anweisung durch die Organe derjenigen Versicherungs-Anstalt zu erfolgen hat, zu welcher von dem Versicherungsberechtigten ausweislich seines Quittungsbuches zuletzt Beiträge geleistet sind. Das Risiko der Versicherung sollen alle diejenigen Versicherungs-Anstalten gemeinsam tragen, zu welchen der Pensionsberechtigte im Laufe der Zeit Beiträge entrichtet hat. Die Berechnung des Betrages, mit welchem hiernach jede Versicherungs-Anstalt belastet wird, soll durch ein in dem Reichsversicherungs-Amt eingerichtetes, aus Reichsbeamten bestehendes Rechnungs-Bureau erfolgen.

Man wird sich im Interesse einer möglichsten Vereinfachung der Durchführung der Invaliden-Versicherung mit diesen Bestimmungen der „Grundzüge“ schwerlich befreunden können*) Man sollte kein Bedenken tragen, die volle Pensionslast derjenigen Anstalt aufzuerlegen, bei welcher die Invaliditäts-Erklärung erfolgt ist und man wird mit der Annahme nicht fehlgehen, „dass

*) Ein wie grosser Wechsel in der Beschäftigung der Arbeiter stattfindet, mag aus der im Volkswirthschaftsrath gemachten Angabe erhellen, dass nach einer Ermittelung auf den Krupp'schen Werken von den im November 1887 neu eingetretenen Arbeitern nur 34 aus der Berufsgenossenschaft des eigenen Betriebes und 41 aus verwandten Berufsgenossenschaften stammten, während die übrigen 379 den verschiedensten anderen Betrieben angehört hatten. (Protokoll der Sitzung vom 5. Dezember 1887. Erste Beilage zu No. 287 des Reichsanzeigers.) Von dem Umfang der Arbeiten des künftigen Rechnungs-Bureau's wird man sich darnach einen ungefähren Begriff machen können.

die thatsächlichen Verhältnisse eine Ausgleichung der hierdurch erwachsenen Belastung der einzelnen Anstalten herbeiführen werden" *)

Die Denkschrift führte gegen die Richtigkeit dieser Annahme zwei Gründe an: Der erste Grund, wonach ältere Personen, deren baldige Invalidisirung bevorsteht, nur schwer Arbeit finden würden, erscheint nicht recht klar. Denn die Arbeitgeber haben ja gar kein so erhebliches Interesse daran, allzufrühe Invalidisirungen in ihrem Betriebe zu vermeiden; auch erhellt nicht, in welchem Zusammenhange dieser Grund, falls er zutreffend wäre, mit der erwähnten Annahme stehen soll. Der zweite Grund dagegen, wonach „diejenigen Versicherungs-Anstalten, deren Betriebe Gelegenheit zu leichter, auch von älteren Leuten auszuführender Arbeit bieten und in welchen deshalb zahlreichere ältere Personen beschäftigt werden, zu Gunsten anderer Betriebszweige benachtheiligt würden, in denen wegen der schwereren Arbeit jüngere Kräfte erfordert, aber auch die Kräfte schneller verbraucht werden" dürfte bei einer lokalisirten Organisation wegfallen. Sollten thatsächlich durch die vorgeschlagene Regelung einige Ungleichheiten und Unbilligkeiten entstehen, so können dieselben gegenüber der erreichten Vereinfachung des Apparates nicht schwer ins Gewicht fallen. Man muss eben auch hier, wie dies bei der Unfall-Versicherung schon ausgeführt wurde, bedeutenderen Zielen, geringe Bedenken zum Opfer bringen.

Um indess eine möglichst vollkommene Ausgleichung zu erzielen, könnte man wohl die Aufnahme einer Bestimmung zugestehen, wonach an die mit der Pension belastete Versicherungsanstalt, von denjenigen Versicherungsanstalten, zu welchen der Rentenempfänger Beiträge geleistet hat, 50 % der gezahlten Beiträge zu überweisen sind. Diese Auseinandersetzung könnten die Versicherungs-Anstalten unter einander bewirken, ohne dass es eines solchen immerhin komplicirten Apparates bedürfte, wie er nach den „Grundzügen" in Funktion treten müsste.

---

*) Sollte diese Annahme in bestimmten Bezirken wegen besonderer Verhältnisse nicht zutreffen, so wird eine Abweichung von dem Prinzipe zuzulassen sein.

Im Anschlusse hieran mögen noch einige die Pension betreffende Punkte zur Erörterung kommen, welche die Frage der Organisation nicht berühren.

Zunächst ist der Grundsatz, dass die Invaliden-Versorgung in der Gewährung jährlicher Renten besteht (No. 5 Abs. 1), durchaus zu billigen. Gegen die Kapital-Versicherung dürfte, abgesehen von den in der Denkschrift angeführten Gründen, ganz besonders der Umstand sprechen, dass diese Form der Invaliden-Versorgung die Entziehung des Anspruchs wegen späteren Wegfalls der Voraussetzungen der Invaliditäts-Erklärung thatsächlich unmöglich macht. Mit einer Wartezeit (No. 8) wird man sich gleichfalls einverstanden erklären können. Jedoch dürfte die Bestimmung, dass es der Zurücklegung einer Wartezeit nicht bedarf, wenn die Erwerbsunfähigkeit erweislich die Folge einer Krankheit ist, welche der Versicherte bei der Arbeit oder aus Veranlassung derselben sich zugezogen hat, zu grossen Bedenken Anlass geben.

Das Erforderniss, dass die Krankheit „bei der Arbeit oder aus Veranlassung derselben“ zugezogen sein muss, ist so dehnbar, dass, wenn nicht alle, so doch die meisten Invaliditäts-Fälle darunter gebracht werden können. Die Bestimmung kann nur geeignet sein, insbesondere für die Uebergangszeit, die Quelle zahlreicher Streitigkeiten zu werden und das Erforderniss der Wartezeit illusorisch zu machen.*) Es wird sich daher die gänzliche Streichung dieser Bestimmung empfehlen.

Auch die Streichung der weiteren Bestimmung, dass solchen Personen, welche vor Ablauf der Wartezeit aus einer anderen als der oben angegebenen Ursache erwerbsunfähig werden, auf ihren Antrag aus Billigkeitsrücksichten eine Rente bis zur Hälfte des Mindestbetrages der Invalidenrente gewährt werden kann, ist auf das dringendste anzurathen. Wird die

---

*) Bei den Berathungen des Volkswirthschaftsraths bezeichnete auch der Regierungs-Commissar es als empfehlenswerth, die Carrenzzeit, mit Rücksicht auf die vielfachen Durchbrechungen, bei den Berechnungen gar nicht in Anschlag zu bringen. (Protokoll vom 9. Dezember 1887 No. 291 des Reichsanzeigers.)

Bestimmung zu lax gehandhabt, so ist Gefahr vorhanden, dass dadurch das Erforderniss der Wartezeit gegenstandslos gemacht wird; wird sie streng angewendet, so erregt sie unter den Arbeitern nur Unzufriedenheit und Misstrauen in die Unparteilichkeit der Verwaltungs-Organe.

Beide Bestimmungen haben erhebliche Bedeutung nur für die Uebergangszeit und die Denkschrift stellt sie gewissermaassen als Surrogat für etwaige Uebergangsbestimmungen hin. Man könnte daher wohl besser, die Uebergangszeit durch Verringerung der Wartezeit abkürzen.

Aus denselben Gründen wie die Bestimmung in No. 8, Abs. 3 wird die Streichung der Bestimmung in No. 7, wonach Versicherten, welche erweislich sich die Arbeitsunfähigkeit vorsätzlich oder durch schuldhafte Betheiligung bei Schlägereien oder Raufhändeln oder durch geschlechtliche Ausschweifungen zugezogen haben, sofern sie mindestens 10 Jahre hindurch Beiträge entrichtet haben, aus Billigkeitsgründen ein Theil der Rente vorübergehend oder dauernd bewilligt werden kann, zu erfolgen haben.*) In diesem Falle ist ein Rückforderungs-Recht auf die von den Versicherten eingezahlte Beiträge mehr am Platze.

Endlich dürften noch die Bestimmungen der Nr. 12 bezüglich der Berechnung der Renten bei unterbrochener Beitragsleistung zu vereinfachen sein. **)

Wir gehen nunmehr über zur Erörterung derjenigen Bestimmungen der Grundzüge, welche die Aufbringung der Mittel

*) Anträge auf Streichung der fraglichen Bestimmungen sind auch im permanenten Ausschuss des Volkswirthschaftsraths gestellt worden. Protokoll vom 7. Dezember 1887 No. 289 des Reichsanzeigers.)

**) Man könnte vielleicht bestimmen, dass ein Anspruch auf die volle Rente nur dann besteht, wenn in jedem Kalenderjahre Beiträge für mindestens 200 Arbeitstage geleistet sind. Nachzahlungen der vollen Beiträge sind gestattet, und müssen bis vor Ablauf des betreffenden Kalenderjahres erfolgt sein. Diejenigen Personen, für welche im Laufe des Kalenderjahres für weniger als 200 Arbeitstage Beiträge geleistet sind, wird die Rente um einen fest bestimmten Betrag (bei einer Rente von 240 M. etwa 10 bis 15 M.) gekürzt.

Auf diese Weise würde man ein bedeutend einfacheres Verfahren erzielen und der Zweck der Bestimmung würde in der Hauptsache auch erzur Durchführung der Invaliden-Versicherung betreffen. Danach übernimmt das Reich ein Drittel des Gesammtbetrages der in jedem Jahre zu zahlenden Renten, der Rest der sämmtlichen übrigen aufzubringenden Mittel soll gedeckt werden durch laufende Beiträge, welche in gleicher Höhe von Arbeitgebern und Arbeitnehmern erhoben werden.

Was zunächst den Reichszuschuss anlangt, so wollen wir hoffen, dass die Antipathieen, welche demselben bei den ersten Berathungen eines Unfallversicherungsgesetzes entgegengebracht wurden, sich auch dies Mal geltend machen werden. Durch den Reichszuschuss wird ein Element in die Versicherung hineingetragen, welches durch seine moralische Wirkung den wohlthätigen Einfluss der ganzen Institution auf die soziale Stellung der Arbeiterbevölkerung erheblich zu vermindern droht. Die Nothwendigkeit des Reichszuschusses wird damit begründet, dass ohne denselben die Invaliden-Versicherung schlechtweg nicht durchzuführen sei. Diese Befürchtung dürfte sich indess vielleicht als nicht ganz zutreffend erweisen.

Durch die Beiträge sollen nach den Grundzügen gedeckt werden:

a) die Verwaltungs-Kosten,

b) die erforderlichen Rücklagen zum Reservefonds und

c) zwei Drittel des Kapitalwerths der der Versicherungs-Anstalt durch Renten voraussichtlich entstehenden Belastung.

Zunächst wird man mit dem Prämien-Verfahren an sich einverstanden sein müssen. Dass man aber bei Normirung der Beiträge rein versicherungstechnische Grundsätze maassgebend sein lassen will, dass man in ängstlicher Besorgniss um die „Sicherheit" der Anstalt durch die Beiträge von vornherein zwei Drittel des Kapital-Werthes der Renten und einen Reserve-Fonds gedeckt wissen will, dafür scheint weder die Noth-

---

reicht werden. — Der etwaige pekuniäre Schaden, welcher der Anstalt oder den Versicherten durch diese summarische Berechnung entstehen würde, kann in keinem Verhältnisse stehen zu der Aufwendung an Zeit, Geld und Arbeitskraft, welche durch das in den Grundzügen vorgesehene Rechnungs-Verfahren veranlasst würde.

wendigkeit noch die Zweckmässigkeit zu sprechen. Nach den Grundzügen soll zunächst ein einheitlicher Beitrags-Satz von 4 Pfennigen *) pro Arbeitstag und Kopf der versicherten männlichen Personen zur Erhebung gelangen. Innerhalb 10 Jahren nach Inkrafttreten des Gesetzes wird dann der Beitrag für jede Versicherungs-Anstalt besonders normirt und mindestens von 10 zu 10 Jahren revidirt. Nach der Berechnung der Denkschrift würde nun der Reichszuschuss im ersten Jahre betragen etwa 800 000 Mk. **), es wären mithin an Beiträgen aufzubringen nur das Doppelte, d. i. 1 600 000 Mk. Schätzt man nun mit der Denkschrift den Kreis der invalidenversicherungspflichtigen Personen auf 12 Millionen, so würde, unter Berücksichtigung von 25 % weiblicher Versicherter, die Einnahme an Beiträge 132 Millionen betragen. Erwägt man nun weiter, dass in den ersten fünf Jahren sich die Ausgaben auf eine nicht erhebliche Summe beschränken werden, dass ferner nach der Denkschrift der Jahres-Durchschnitt der Ausgabe von 156 Millionen erst in 20 Jahren erreicht wird, so erhellt, welch kolossale Ansammlung von Kapitalien stattfinden wird. Sollte denn nicht zunächst hier in gleicher Weise das finanzpolitische Bedenken zutreffen, welches in der Denkschrift bezüglich der Aufbringung des Reichszuschusses hervorgehoben wird? ***) Bei Weitem grössere Bedenken erregen jedoch die wirthschaftlichen Gefahren, welche dadurch hervorgerufen werden, dass derartige Geldmittel der Industrie entzogen werden.

Alle diese Bedenken sind auch im Volkswirthschaftsrath zur Sprache gekommen und haben zur eingehenden Erörterung der Frage geführt, ob sich nicht die Einführung des Umlageverfahrens, wie bei der Unfall-Versicherung, empfehlen würde.

---

*) Dieser Satz hat sich nachträglich als zu hoch gegriffen erwiesen und ist auf etwa 3,4 Pfennige zu ermässigen.

**) Diese Summe wurde bei den Berathungen des Volkswirthschaftsrathes von dem Regierungs-Commissar für zu gering bemessen erklärt.

***) Als es sich seiner Zeit bei den Berathungen über das Unfall-Versicherungsgesetz um die Frage: ob Umlage- oder Deckungs-Verfahren? handelte, wurde in einer regierungsseitig aufgestellten Berechnung zahlenmässig bewiesen, welch erheblichen finanziellen Gewinn das Umlage-Verfahren gegenüber dem Kapital-Deckungs-Verfahren brächte. (vgl. v. Woedtke: Unfall-Versicherunggesetz, Anm. 1 zu § 10.)

Auch die Denkschrift erwähnt des Umlage-Verfahrens, verwirft es aber deshalb, weil „spätere Arbeiter in für sie unerschwinglicher und innerlich nicht gerechtfertigter Weise zu Gunsten der gegenwärtigen Arbeiter belastet werden würden." Das Hauptbedenken gegen die Anwendung dieses Verfahrens dürfte in der Schwierigkeit der Durchführung hinsichtlich der Arbeitnehmer bestehen und schon aus diesem Grunde wird es nicht weiter in Betracht zu ziehen sein. Man wird vielmehr im Principe an dem Prämien-Verfahren festhalten müssen; nur der Grundsatz des Kapital-Deckungs-Verfahrens ist zu beseitigen. Die Gründe, welche die Anwendung dieses Grundsatzes zur Sicherheit von Privat-Versicherungs-Gesellschaften als nothwendig erscheinen lassen, können für die Arbeiter-Zwangs-Versicherungs-Anstalten keineswegs maassgebend sein. Die grösste Garantie für die Sicherheit der Anstalt liegt in dem Versicherungs-Zwange. Freilich ist dieser Satz nur unbedingt richtig für die nicht berufsgenossenschaftliche, auf lokaler Centralisation beruhende Organisation der Versicherung: Hier ist nicht nur der Mitgliederbestand dauernd gesichert, sondern die stete Vergrösserung desselben wahrscheinlich. Dagegen ist bei der berufsgenossenschaftlichen Organisation wegen der Möglichkeit grosser Umwälzungen auf dem Gebiete des Gewerbes und der Industrie, welche durch epochemachende Erfindungen oder andere Ursachen hervorgerufen werden und die Vernichtung oder den Niedergang ganzer Gewerbs- und Industrie-Zweige zur Folge haben, eine Gewähr für einen dauernd grossen Mitgliederbestand nicht vorhanden.

Wozu bedarf es der Deckung des Kapital-Werthes der Renten, wenn ein Aufhören oder auch nur eine Verminderung der Einnahme durch Prämien nicht zu befürchten ist? Zieht man ferner die grosse Mangelhaftigkeit der Unterlagen für die Berechnung dieser Kapital-Werthe in Betracht, so wird das, auch im Interesse einer gerechten Vertheilung der Lasten aufgestellte Verfahren, als sehr bedenklich erscheinen müssen.

Die Hauptfaktoren für die Berechnung, Invaliditäts-Gefahr und Invaliditäts-Dauer werden niemals mit einiger Sicherheit bestimmt werden können. Sehr zutreffend ist, was über diesen

Punkt Brentano*) hinsichtlich der englischen Gewerkvereinskassen ausführt:

„Man hat nämlich vom Standpunkt kapitalistischer Versicherungsgesellschaften aus behauptet, die Gewerkvereinskassen seien von Insolvenz bedroht. Ihre Beiträge seien zu gering um — ganz abgesehen davon, dass aus ihnen auch die Kosten der Arbeitseinstellungen bestritten werden sollten — ihnen zu gestatten, all ihren Verpflichtungen nachzukommen. Allein darauf ist zu erwidern, dass den Gewerkvereinen ein Hilfsmittel zu Gebote steht, das allerdings die Versicherungsgesellschaften der höheren Gesellschaftsklassen entbehren, dessen aber keine Arbeiter-Versicherungsgesellschaft entrathen kann. Die Versicherungsgesellschaften der höheren Gesellschaftsklassen erstrecken ihre Versicherungen nur auf Gefahren, in Bezug auf deren Eintreten eine ziemlich genau zutreffende Wahrscheinlichkeitsrechnung möglich ist. Alle Sachverständigen aber, und zwar die Sachverständigen aller Parteien sind darin einig, dass eine gleich zutreffende Berechnung des wahrscheinlichen Eintretens der meisten Gefahren, gegen deren Wirkungen die Arbeiter sich versichern müssen, nicht möglich ist. So giebt es, wie schon bemerkt wurde, noch keine annähernd zuverlässige Krankheitstabelle. Und ebendeshalb kann keine Arbeiter-Versicherungsgesellschaft sich mit den regelmässigen Beiträgen, welche die Arbeiter nach den bei Errichtung der Gesellschaft festgesetzten Statuten zu zahlen haben, begnügen. Alle Statuten von Arbeiterhilfskassen enthalten die Bestimmung, dass es der Kasse gestattet sein solle, wenn die Unzulänglichkeit der statutenmässigen Beiträge sich zeige, höhere Beiträge von ihren Mitgliedern zu erheben, oder eine Extrasteuer für die Mitglieder auszuschreiben. Sogar die §§ 14, 25, 26 des Hilfskassengesetzes vom 7. April 1876 haben diesen Fall vorgesehen. Alle Kassen sind also von eben derselben Insolvenz, wie die englischen Gewerkvereinskassen bedroht, und alle müssen, um ihr zu begegnen, zu demselben System der Extrasteuern ihre Zuflucht nehmen, das die englischen

*) Brentano: die Arbeiterversicherung gemäss der heutigen Wirthschaftsordnung. S. 181 ff.

Gewerkvereine von jeher statutenmässig eingeführt haben. Reichen nämlich die Gelder der Gewerkvereinskasse in einem gegebenen Augenblicke nicht hin, um die versprochenen Unterstützungen zu bezahlen, so wird gemäss ihren Statuten eine, dem Bedürfniss entsprechende Extrasteuer von allen Mitgliedern erhoben. Mit Rücksicht auf diese in den Gewerkvereinsstatuten vorgesehenen Extrasteuern hat der Präsident der königlichen Untersuchungskommission über die englischen Gewerkvereine von 1867 eben dieselben Versicherungs-Aktuare, von denen die Behauptung, den englischen Gewerkvereinen drohe Insolenz, ausging, wörtlich gefragt: „Sie haben gehört, was Herr A. vorgebracht hat, wünschen Sie Ihre früheren Angaben in irgend einem Punkte zu ändern?“ — „Nein,“ war die wörtliche Antwort, „ausser, dass, soweit die Gewerkvereine im Stande sind, durch ausserordentliche Steuern irgend welches entstehende Deficit zu decken, die alle meine Einwendungen bezüglich der Unzulänglichkeit ihrer Beiträge beseitigen muss.““

Wir müssen das von den englischen Gewerkvereinen befolgte Princip als durchaus zutreffend anerkennen.

Der Berliner Magistrat (Gewerbe-Deputation des Magistrats) als Aufsichtsbehörde über einige Zwangs-Invaliden-Kassen hat bereits dieses Princip in der Praxis befolgt. Als nämlich bei Durchführung des Kranken-Versicherungsgesetzes auf Grund des § 86 dieses Gesetzes von einigen alten Kassen, welche Invaliden-Pension gewähren, neue Pensions-Kassen errichtet wurden, drang die höhere Verwaltungsbehörde im Interesse der Sicherheit der Kasse auf eine Revision der Prämen-Tarife und machte von dieser Revision beziehungsweise Prüfung die Genehmigung des Statuts abhängig. Die Invaliden-Kasse der Gürtler hatte bislang einen Beitrags-Satz von 0,10—0,15 Mk. monatlich erhoben und bei diesem Satze ein Vermögen von ca. 9000 Mk. angesammelt. Ein von sehr sachverständiger Seite abgegebenes versicherungstechnisches Gutachten verlangte nunmehr zur Erzielung einer Garantie für die Sicherheit der Kasse einen Beitrag von 0,65 Mk. wöchentlich. Ein solcher Beitrag wäre natürlich für die Mitglieder unerschwinglich gewesen und so ist denn schliesslich die Genehmigung eines Satzes von 0.10 Mk.

wöchentlich unter gleichzeitiger Aufnahme folgender Statutenbestimmung erfolgt:

„Ergiebt sich aus der Jahresrechnung,*) dass die regelmässigen Einnahmen der Kasse zur Bestreitung der Ausgaben der Kasse nicht hinreichen, so ist eine Erhöhung der Beiträge herbeizuführen. Unterlässt die General-Versammlung die Höhe der Beiträge zu beschliessen, so ist die Aufsichtsbehörde befugt, die Beschlussfassung anzuordnen und, falls dieser Anordnung keine Folge gegeben wird, ihrerseits die erforderliche Abänderung des Kassenstatuts von Amtswegen mit rechtsverbindlicher Wirkung zu vollziehen."

Auf diese Weise ist für die Sicherheit der Kasse genügend gesorgt und wir möchten auch für die reichsgesetzliche Regelung der Invaliden-Versicherung eine auf diesem Princip beruhende Lösung der Beitrags-Frage empfehlen. Erwägt man, dass, wie ausgeführt, die künftige Belastung der Versicherungs-Anstalt sich auch nicht mit annähernder Sicherheit feststellen lässt, dass daher das Aufbringen der Kapitalwerthe der jährlich entstehenden Renten-Ansprüche die betheiligten Kreise ungerecht belasten würde, dass auch die durch dieses Verfahren bewirkte Ansammlung grosser Kapitalien aus finanzpolitischen und wirthschaftlichen Gründen durchaus zu verwerfen ist, erwägt man ferner, dass das reine Umlageverfahren wegen seiner schweren Durchführbarkeit und der dadurch hervorgerufenen ungerechten Vertheilung der Lasten gleichfalls die grössten Bedenken bietet, so wird man sich nicht schwer für das vorgeschlagene, gewissermassen in der Mitte zwischen Beiden stehende Verfahren, entscheiden können. Bedingung für die Anwendbarkeit dieses Verfahrens ist aber eine lokalisirte Organisation der Versicherung und insbesondere die Uebertragung der Aufsichtsrechte auf diejenige lokale Behörde, welche schon durch ihre Zusammensetzung der Organisation am nächsten steht, nämlich die Gemeinde-Behörde.**)

---

*) Die Jahresrechnung ist nach erfolgter Aufstellung unverzüglich der Aufsichtsbehörde einzureichen.

**) Mit der Beschränkung des § 44 des Krankenversicherungsgesetzes.

Die Gemeinde-Behörde hat schon mit Rücksicht auf das Armenbudget das grösste Interesse an dem Bestande und der Fortentwicklung der Versicherungs-Anstalt, sie ist wegen ihrer genauen Kenntniss der lokalen Verhältnisse am besten befähigt, jeder Zeit die Lage der Kasse richtig beurtheilen zu können.

Zwischen der Communalbehörde und der Organisation der Arbeiter-Versicherung überhaupt, müssen möglichst enge Beziehungen geschaffen werden; wenn diese beiden auf dem Principe der Selbstverwaltung organisirten Verbände Hand in Hand für das Wohl der Arbeiter thätig sind, dann wird ein befriedigendes Resultat der sozialreformatorischen Gesetzgebung sicherlich nicht ausbleiben.

Was dann im Einzelnen die Ausführung der erwähnten Bestimmung anlangt, so müsste man, um möglichst sicher zu gehen, sich nicht auf die Jahres-Rechnung beschränken, sondern — für die erste Zeit jedenfalls — die Einreichung monatlicher Uebersichten verlangen.*) Diese Uebersichten würden nur wenige Angaben zu enthalten brauchen: Bestand, Zu- und Abgang der Invaliden, Summa der gezahlten Pensionen, Einnahmen und Vermögensbestand. Aus diesen Angaben wird eine aufmerksame Aufsichtsbehörde mit vollständiger Sicherheit die finanzielle Lage der Anstalt übersehen können und in der Lage sein, rechtzeitig einer drohenden Zahlungsunfähigkeit vorzubeugen. Man muss hierbei ganz besonders in Betracht ziehen, dass bei der Invaliden-Versicherung keineswegs, wie bei der Kranken- und Unfall-Versicherung, plötzliche Ereignisse (Epidemieen, sehr strenger Winter, grosse Betriebs-Unglücke) unvermuthet hohe Ausgaben zur Folge haben können, sondern dass hier eine Steigerung der Ausgaben weit langsamer und regelmässiger eintritt. Das Budget der Invaliden-Versicherungs-Anstalten ist nicht im Entferntesten den Schwankungen ausgesetzt, wie das der Kranken- und Unfall-Versicherung.

---

*) Die Berliner Aufsichtsbehörde hatte bezüglich der Orts-Krankenkassen die Einreichung von Monats-Uebersichten mit bestem Erfolge eingeführt. Jetzt werden von den grösseren Kassen nur Quartals-Uebersichten verlangt.

Wenn nun auch der Aufsichtsbehörde das Recht zugestanden ist, jeder Zeit die Erhöhung oder Herabsetzung des Beitrages zu erzwingen, so wird es natürlich sehr erwünscht sein, dass eine Veränderung der Beitrags-Sätze nur in grossen Zwischenräumen stattfindet. Der Beitragssatz muss von vornherein so bemessen werden, dass er für eine längere Reihe von Jahren nicht nur die laufenden Ausgaben deckt, sondern auch einen, wenn auch nicht zu grossen, Ueberschuss erzielt.

Setzt man, mit den früheren Ausführungen, die Karenzzeit auf drei Jahre herab und lässt für diese Zeit Invaliden-Ansprüche überhaupt nicht entstehen, sondern nur Rückzahlungen von Beiträgen eintreten, so könnten die in den drei Jahren angesammelten Beitrags-Einnahmen das Stammkapital der Versicherungs-Anstalt bilden. Nach Ablauf der ersten Wartezeit wird der Invaliden-Bestand vermuthlich gleich ein sehr hoher werden und erst nach Absorbirung dieses ersten Invaliden-Jahrganges wird ein Normalbestand vorhanden sein. Man wird sich also durch die Pensions-Ansprüche der ersten Jahre nicht in seinem Urtheile beeinflussen lassen dürfen.

Wie hoch nun der Beitrag zu bemessen wäre, dafür würde man einen leidlich sicheren Anhalt an bereits vorhandenen nicht auf versicherungstechnischer Grundlage aufgebauten Zwangs-Invaliden-Kassen gewinnen können.

Zunächst ist natürlich für die Normirung der Beiträge die Höhe der Invaliden-Pension maassgebend und da wollen wir im Anschluss an die früheren Ausführungen, statt des in den Grundzügen festgestellten Satzes von 120 Mk., eine solche von 240 Mk. in Aussicht nehmen.

Wenn man die langjährigen Erfahrungen einiger Berliner ortsstatutarischer Zwangs-Invaliden-Kassen berücksichtigen darf, so würde, um die Rente von 240 Mk. leisten zu können, für eine lange Reihe von Jahren ein Beitrag von durchschnittlich drei Pfennig pro Arbeitstag ohne R e i c h s z u s c h u s s genügen.

Die Invaliden-Kasse der Gürtler hat — wie bereits erwähnt — in ihr neues Statut nur einen Beitrags-Satz von 10 Pfennig wöchentlich, d. i. $1^2/_3$ Pfennig pro Arbeitstag aufgenommen und glaubt nach den bisherigen 37jährigen Erfahrungen mit diesem Satze die Leistung, welche bei einer zehnjährigen

Karenzzeit in einer Pension von 6 Mk. wöchentlich, d. i. 312 Mk. jährlich besteht, erfüllen zu können.

Ferner hat die Invalidenkasse der Buchdrucker — ein Gewerbszweig mit sehr hoher Invaliditätsgefahr — Anfangs einen Beitrag von 0,20 Mk. wöchentlich erhoben, diesen Satz nach 27 Jahren auf 0,30 Mk. und nach weiteren 9 Jahren auf 0,35 Mk. erhöht. Zu der Einnahme an Beiträgen kam noch bis vor wenigen Jahren eine Beisteuer der Arbeitgeber. Mit diesen Beiträgen hat die Kasse bei ungewöhnlich hohen Leistungen ein Vermögen von über 200,000 Mark angesammelt. Die Kasse zahlte im Jahre 1887 an 72 Invaliden eine Pension von 468 Mk. jährlich, an 34 Invaliden eine solche von 390 Mk. und an 33 Invaliden eine Pension von 312 Mk.

Wir glauben daher den Beitragssatz eher zu hoch als zu niedrig gegriffen zu haben.*) Eine auch nur einigermassen

---

*) Während des Druckes finde ich in der Tagespresse eine Erklärung des Vorstandes des „Unterstützungs-Vereins deutscher Buchdrucker", welche meine Annahme über die Höhe des Beitragssatzes sowie überhaupt meine Ausführungen über die Frage der Aufbringung der Mittel wesentlich unterstützt. Die Erklärung lautet:

In dem Bericht über die 19. Sitzung des deutschen Reichstags vom 23. Januar war die Aeusserung des Herrn Staatssekretärs v. Boetticher enthalten, dass die Invalidenkasse der deutschen Buchdrucker bankerott geworden sei. Da diese Aussage auf vollständiger Unkenntniss unserer Kassenverhältnisse beruht, so haben wir an Se. Excellenz Herrn Staatssekretär v. Boetticher wie auch an das Präsidium des hohen Reichstags eine Richtigstellung eingesandt und erlauben uns Ihnen Folgendes über unsere Invalidenkasse mitzutheilen. Die Invalidenkasse des Unterstützungsvereins Deutscher Buchdrucker erhebt einen Beitrag von 20 Pf. pro Mitglied und Woche = 10,40 Mk. pro Jahr. Dieser Beitrag wird fortlaufend entrichtet und bei Arbeitslosigkeit von der Unterstützung, welche das betreffende Mitglied für diese Zeit aus der Gewerkvereinskasse bezieht, in Abzug gebracht. Es verfügt sonach die Invalidenkasse bei rund 13 000 Mitgliedern über eine jährliche Einnahme an Beiträgen von ca. 135 000 Mk. Die Kasse gewährt nach fünfjähriger, bei späterem Eintritt nach zehn- bezw. fünfzehnjähriger Karenzzeit eine wöchentliche Unterstützung von 7 Mk. an jedes durch Krankheit, Unfall oder Altersschwäche invalid gewordene Mitglied. Nach mehrjährigen statistischen Erhebungen haben wir nur höchstens einen Invalidenstand von 3 pCt. der Mitgliederzahl, sonach bei 13 000 Mitgliedern etwa 390 Invaliden zu erwarten, die eine Unterstützung von 140000 Mk. per Jahr beanspruchen. Da nun zur Zeit erst 167 Invaliden zu unterstützen sind, so fliesst sichere Berechnung anzustellen, halten wir nach den früheren Ausführungen für unausführbar und wir können auch der den Angaben der Denkschrift zu Grunde liegenden Berechnung einen sonderlichen Werth nicht beilegen. Man wird es eben auf einen Versuch ankommen lassen müssen, der um so weniger gewagt erscheinen kann, als ja die Möglichkeit vorhanden ist, das Gleichgewicht zwischen Einnahme und Ausgabe durch Regulirung der Beiträge jeder Zeit herstellen zu können.

Den Versicherungsanstalten wird allerdings durch die Einführung des allgmeinen und unbedingten Versicherungszwanges viel schlechtes Material zugeführt werden, aber derselbe Versicherungszwang führt auch der Anstalt das gesammte gute beitragsfähige Material zu und so wird die Bedeutung des ersten Moments durch das zweite wesentlich abgeschwächt.

Das für die Erhebung der Beiträge in den Grundzügen vorgesehene Markensystem hatte seine Begründung in den Bestimmungen über die Vertheilung der Renten-Belastung auf verschiedene Versicherungs-Anstalten (No. 30) und die Berechnung des Werthes der Renten bei unterbrochener Beitragsleistung (No. 12). Mit der Beseitigung dieser Bestimmungen fällt auch dieses an sich komplizirte und darum mit Recht vielfach ange-

die jahrl. Mehreinnahme an Beiträgen und Zinsen von über 80000Mk. dem Reservefonds zu, der zur Zeit gegen 740 000 Mk. beträgt. Bis zur angenommenen Höhe des Invalidenstandes von 3 Prozent wird das Kapital eine Mill. Mk. weit überschritten haben und dann auch noch der grösste Theil der Zinsen zu Unterstützungen Verwendung finden können. Der Unterschied zwischen der Invalidenkasse des Unterstützungsvereins Deutscher Buchdrucker und den auf versicherungstechnischer Grundlage errichteten Versicherungsgesellschaften besteht darin, dass in den letzteren für eine event. Unterstützung sämmtlicher Versicherten Vorsorge getroffen werden muss, während erstere Kasse nur mit dem wirklich invalide werdenden Theil der Mitglieder, d. h. mit 3 vom Hundert (s. oben) zu rechnen braucht, indem erfahrungsmässig 97 pCt. aller Mitglieder, bevor sie invalide werden, mit Tod abgehen. Aus dieser Auseinandersetzung dürfte wohl unzweifelhaft hervorgehen, dass die Invalidenkasse des Unterstützungsvereins Deutscher Buchdrucker auf gesunder Grundlage beruht und für ihre Mitglieder auch nach Einführung der Altersversorgung durch das Reich eine wohlthätige Wirkung ausüben wird. Es muss daher die Beanstandung unseres Vereins seitens der preussischen Regierung um so mehr Befremden hervorrufen, da wir doch keine auf Gewinn berechnete Versicherungsgesellschaft darstellen, sondern nur Humanitätszwecke verfolgen.

feindete System hinweg. Die Quittungsleistung erfolgt, wie bei der Kranken-Versicherung, durch Abstempelung in den Quittungsbüchern.*)

Von der Ansammlung eines eigentlichen Reservefonds kann Abstand genommen werden, da, wie oben ausgeführt, bei der Invaliden-Versicherung nicht diejenigen Voraussetzungen vorhanden sind, welche bei anderen Versicherungen die Bildung eines solchen Fonds als nothwendig oder doch wünschenswerth erscheinen lassen. Dagegen wird es empfehlenswerth sein, allgemein die Grenze zu bestimmen, bis zu welcher eine Minderung des Vermögensbestandes zulässig ist, d. h. also den Moment zu bezeichnen, in welchem eine Beitragserhöhung eintreten muss. Auch nach der entgegengesetzten Richtung hin wird diese Grenze zu ziehen sein.

Dass die Aufsichtsführung der Gemeindebehörden und besonders die hier in Betracht kommenden speziellen Funktionen der Kontrole der höheren Verwaltungsbehörde unterliegen, muss als selbstverständlich erscheinen. Entweder werden der höheren Verwaltungsbehörde die monatlichen Uebersichten, oder halbjährige kurze, nur die finanzielle Seite der Anstalt berührende Generalberichte einzureichen sein.

Der letzte für die Normirung der Beiträge maassgebende Faktor, die Verwaltungs-Kosten, wird bei einer lokalisirten Organisation, welche Träger der gesammten Arbeiter-Versicherung ist, nicht sonderlich ins Gewicht fallen.

Die Kosten einer centralisirten Kranken-Versicherungs-Anstalt hatte ich für Berlin bei rund 200 000 Mitgliedern auf rund 90 000 Mk. geschätzt, d. h. 0,45 Mk. pro Jahr und Kopf der Versicherten. Erwägt man, dass bei der Kranken-Versicherung die laufende Verwaltungs-Arbeit wegen der grossen Zahl der zu erledigenden Fälle weit grösser ist als die Arbeit für die beiden andern Versicherungen zusammen, so wird ein Satz von 0,80 Mk. für Kranken-, Invaliden- und Unfall-Versicherung als zu niedrig nicht erscheinen können. Belastet man

*) Die Quittungsbücher müssen dauerhaft hergestellt und für 30 bis 40 Jahre berechnet sein. Auf einer Seite können Rubriken für 2—3 Jahre gebracht werden, es würden also nur höchstens 10 Blätter erforderlich sein. Ein nachträgliches Einheften von Blättern kann im Bedarfsfalle durch den Vorstand veranlasst werden.

hiervon die Kranken-Versicherung mit 0,40 Mk. und die Unfall- und Invaliden-Versicherung mit je 0,20 Mk., so erhält man ein Resultat, welches als höchst günstig bezeichnet werden muss. Die laufenden Kosten bei der Unfall-Versicherung betrugen im Jahre 1886 0,67 Mk. pro Kopf aller Versicherten, während sich bei den einzelnen Berufsgenossenschaften das Verhältniss weit ungünstiger stellte. Nicht weniger als 19 Berufsgenossenschaften haben den Satz von 1 Mk. überschritten, darunter die „Berufsgenossenschaft der Schornsteinfegermeister des deutschen Reichs" mit 4,89 Mk.

Auch die Verwaltungs-Kosten der Invaliden-Versicherung dürften sich, bei der in den Grundzügen vorgesehenen Organisation, sehr hoch gestalten. Ist doch schon an sehr zuständiger Stelle der Satz mit 1 Mark veranschlagt worden! Die Befürchtung, dass die vorhandenen Organe der Berufsgenossenschaften der Verwaltung der Invaliden - Versicherungs - Anstalten nicht gewachsen sein werden, ist allenthalben laut geworden und so dürfte anzunehmen sein, dass der grösste Theil der Genossenschaften für die Verwaltung der Anstalt besondere Organe errichten wird. Damit würden denn die grossen Hoffnungen zerstört sein, welche bezüglich der Verbilligung der gegenwärtigen hohen Verwaltungskosten der Berufsgenossenschaften auf die neue Institution gesetzt wurden. Dazu kommt die neu zu schaffende Institution der „Vertrauensmänner" (No. 24), die natürlich einen erheblichen Kostenaufwand verursachen wird. In dieser Institution ist die Idee der lokalen Centralisation der Versicherung in einer Beziehung zur Verwirklichung gekommen: der Vertrauensmann wird bestellt für sämmtliche in einem Bezirke versicherte Personen. Es hat sich eben hier die Nothwendigkeit der Zusammenfassung aller Versicherten in einem lokal begrenzten Kreise als unabweisbar gezeigt und man hat sich in der erwähnten Form hiermit abgefunden. Dass eine Organisation, welche in allen Beziehungen auf lokaler Centralisation beruht, das Institut gänzlich entbehrlich macht, bedarf keiner weiteren Ausführungen. Ebensowenig wird die Bildung besonderer Organe in Betracht kommen. Denn hier geschieht eben die Invaliden-Versicherung in Wahrheit durch die vorhandene Central-Anstalt, die Organe der Kranken- und Unfall-

Versicherung, General-Versammlung und Vorstand, sind auch Organe der Invaliden-Versicherung.

Die Festsetzung des Invaliden-Anspruchs geschieht durch den Vorstand; gegen dessen Beschluss findet die Entscheidung der Aufsichtsbehörde und hiergegen der Rekurs an das Reichsversicherungs-Amt statt. Da der Vorstand aus Arbeitgebern und Arbeitnehmern besteht, so sind das Schiedsgericht und die „Arbeitvertreter“ entbehrlich. Nur wird hier das Stimmrecht so zu regeln sein, dass Arbeitgeber und Arbeitnehmer über eine gleiche Anzahl von Stimmen verfügen.

So erhalten wir denn auch für die Invaliden-Versicherung eine Organisation, welche an Einfachheit und leichter Durchführbarkeit die in den Grundzügen geplante Organisation bei Weitem übertreffen würde.

V. Bezüglich der Alters-Versicherung will ich nur Folgendes bemerken: Soll die Alters-Versicherung einen praktischen Werth haben, so wird man sowohl die Rente von 120 Mark wesentlich erhöhen als auch den Zeitpunkt des Beginns früher eintreten lassen müssen. Da es sich indess nicht absehen lässt, um wie viel grösser das Risiko durch diese Maassnahme würde, so dürfte es vielleicht empfehlenswerth sein, von der Einführung dieser Versicherung einstweilen Abstand zu nehmen*) und erst abzuwarten, welche Erfahrungen mit der Invaliden-Versicherung gemacht werden.

Wir stehen am Schlusse unserer Ausführungen und das Resumé kann kurz sein: Bei der Durchführung der Arbeiterversicherung ist das Princip der Bildung korporativer Verbände als Träger dieser Versicherung festzuhalten. Die Bildung der Verbände soll jedoch nicht erfolgen auf der Grundlage der Gemeinsamkeit des Berufs, sondern der des Beschäftigungsorts. Der gesammte versicherungspflichtige Arbeiterstand eines Bezirks bildet einen örtlichen Verband.

Das sogenannte berufsgenossenschaftliche Princip führt bei lokaler Begrenzung zur Bildung kleiner unzweckmässiger Kassen-

*) Man war bei Feststellung der Grundzüge überhaupt zweifelhaft, ob man neben der Invalidenrente noch eine Altersrente in Aussicht nehmen solle. (Protokoll der zweiten Sitzung des permanenten Ausschusses des Volkswirthschaftsraths vom 7. Dezember 1887. No. 289 des Reichsanzeigers.)

einrichtungen, bei nicht lokaler Begrenzung zur Bildung grosser Organisationen, welche zur Uebernahme der Verwaltung und mithin zur eigentlichen Durchführung der Versicherung untauglich sind. Das Moment der „Verschiedenheit der Gefahr" ist nicht von Bedeutung. Es sprechen ethische Gründe für eine gleichmässige Belastung sämmtlicher Betriebe, es findet jedoch auch praktisch ein Ausgleich statt, wenn man die Kosten der gesammten Arbeiterversicherung in Betracht zieht. Zudem kann dieses Moment durch die Einführung von Gefahrenklassen bedeutend abgeschwächt werden. Das berufsgenossenschaftliche Princip ist also der Durchführung der Arbeiter-Versicherung weniger nützlich als vielmehr hinderlich.

Ausserhalb der Versicherung liegende Zwecke, welche die Beibehaltung des Princips als wünschenswerth erscheinen lassen, können dem gegenüber nicht in Betracht kommen und zwar aus folgenden Gründen:

Als die Hauptaufgabe der Verbände muss zweifellos die Durchführung der Arbeiterversicherung angesehen werden; denn nur durch die Lösung dieser Aufgabe wird das Ziel der sozialpolitischen Gesetzgebung, positive Förderung des Wohles der Arbeiter, unmittelbar erreicht. Es muss also Alles darauf ankommen, diese Hauptaufgabe so vollkommen und glücklich wie möglich zu lösen. Wird nun, wenn auch in bester Absicht, mit dieser Aufgabe die Lösung anderer Aufgaben kombinirt, und kommt man zu der Ueberzeugung, dass diese Kombination die Erreichung des zunächst gesteckten Zieles gefährdet, so wird man wohl kein Bedenken tragen dürfen, eine Trennung dieser Kombination wieder herbeizuführen, und zwar dieses um so mehr, als keine grosse Wahrscheinlichkeit, geschweige denn Sicherheit, dafür vorhanden ist, dass auf dem eingeschlagenen Wege eine glückliche Lösung der mit der Hauptaufgabe verbundenen weiteren Aufgaben zu erzielen sein wird.

So sehr ich davon überzeugt bin, dass zur Durchführung der Arbeiter-Versicherung das Mittel des Zwanges durchaus nothwendig ist, eben so sehr bin ich davon überzeugt, dass sich weder Arbeitgeber noch Arbeitnehmer für diese durch den Zwang geschaffene Organisation jemals besonders erwärmen werden und dass die Gesetzgebung nur darnach trachten muss, den betheiligten Kreisen durch geringe Belästigung, Einfachheit und Billigkeit der Organisation, den Zwang möglichst erträglich zu machen.

Zur Lösung der oben angedeuteten, weiteren sozialpolitischen Aufgaben kann aber nur eine aus freiester Initiative der Betheiligten hervorgegangene Vereinigung geeignet sein. Hier würde der Zwang geradezu schädlich wirken. Es muss also eine vollständige Trennung der Arbeiter-Versicherung von andern sozialpolitischen Fragen stattfinden. Wird diese Trennung herbeigeführt, so ist auch die letzte Schranke für die Bildung territorialer Verbände beseitigt.

Diesen Verbänden ist des Weiteren die gesammte Arbeiter-Versicherung zu übertragen. Die Vielheit der gegenwärtig für die Durchführung der Arbeiter-Versicherung geschaffenen und noch zu schaffenden Organisationen, bedingt eine grosse Komplikation der Durchführung, einen bedeutenden und kostspieligen Verwaltungs-Apparat und endlich auch einen Gesetzes-Apparat, wie er nicht umständlicher und schwerfälliger gedacht werden kann. Ich möchte es nicht unterlassen, ganz besonders auf diesen letzteren Punkt hinzuweisen. Schon das erste der Arbeiter-Versicherungsgesetze, das Kranken-Versicherungsgesetz, muss als sehr schwer verständlich bezeichnet werden. Wer in der Praxis je mit der Ausführung dieses Gesetzes zu thun gehabt hat, wird das nicht bestreiten. Bezeichnend hierfür ist auch die Thatsache, dass von den ordentlichen Civil-Gerichten die widersprechendsten Entscheidungen über die wichtigsten prinzipiellen Fragen gefällt worden sind. Das Unfall-Versicherungs-Gesetz (v. 6. Juli 1884) war, von Einzelheiten abgesehen, klarer und verständlicher. Dagegen das jüngste, am 1. Januar 1888 in Kraft getretene Reichsgesetz, betreffend die Unfall-Versicherung der bei Bauten beschäftigten Personen vom 11. Juli 1887 bedarf geradezu des gründlichsten und eingehendsten Studiums, um nur überhaupt verstanden zu werden. Erwägt man, dass die Arbeiter-Versicherungsgesetze gerade die unteren und weniger gebildeten Schichten der Bevölkerung in erster Reihe interessiren, dass es für den Erfolg der ganzen Gesetzgebung, für die gedeihliche Durchführung der Gesetze durchaus nothwendig ist, zunächst den Inhalt der Gesetze zur Kenntniss und zum allgemeinen Verständniss der betheiligten Kreise zu bringen, so wird man den gerügten Uebelstand als der Berücksichtigung werth und der Abhilfe dringend bedürftig anerkennen müssen.

Die Möglichkeit der Durchführung der vorgeschlagenen Organisation dürfte an sich nicht zu bezweifeln sein. Für die Kranken-Versicherung habe ich die zuversichtliche Hoffnung, dass mit der Zeit sich die Aufsichts-Behörden von der Nützlichkeit und Nothwendigkeit der Unifikation der Kassen überzeugen und Alles daran setzen werden, dem Beispiele einiger grösserer Städte folgend, diese Organisations-Reform in ihren Bezirken durchzuführen. Ohne eine wirksame Unterstützung der Gesetzgebung wird aber auch hier nicht viel erreicht werden können und es wäre daher dringend zu wünschen, dass in der bereits angekündigten Novelle zum Kranken-Versicherungsgesetz dieser Punkt Berücksichtigung finden würde.*)

Dass Aussicht für die weitere Reform bezüglich der Unfall-Versicherung einstweilen garnicht vorhanden ist, verhehle ich mir keineswegs. Es kommt hier Alles darauf an, in welcher Weise die Invaliden-Versicherung organisirt werden wird. Die verbündeten Regierungen dürften wohl nicht in der Lage sein, einem Gesetzentwurfe ihre Zustimmung zu geben, welcher die Invaliden-Versicherung in anderer Weise als durch die vorhandene Organisation der Berufsgenossenschaften, oder doch in wesentlicher Anlehnung an dieselbe zur Durchführung bringen wollte. Es wäre indess kein grosses Unglück, wenn an diesem Widerspruche die Gesetzes-Vorlage einstweilen scheitern würde. Die Gesetzgebung geht auf dem Gebiete der Arbeiter-Versicherung viel zu rasch vorwärts. Nicht einmal die Organisation der Kranken-Versicherung ist als vollendet und abgeschlossen zu bezeichnen, geschweige denn die der Unfall-Versicherung, und schon will man einen zweiten Schritt auf dem Gebiete der Arbeiter-Versicherung vorwärts thun.

Duch dieses beschleunigte Tempo der Gesetzgebung werden die unmittelbar betheiligten Kreise, Arbeitnehmer und Arbeitgeber, in gleicher Weise in Mitleidenschaft gezogen, wie die an

---

*) Vgl. hierüber meine Ausführungen in Schmoller's Jahrbüchern l. c. S. S. 51 f.

der Ausführung der Gesetze betheiligten Behörden. Für den Erfolg und die Durchführung gerade dieser Gesetze ist es von grosser Bedeutung, dass Arbeitnehmern und Arbeitgebern die einzelnen Gesetzes-Bestimmungen und das Gesetz als Ganzes voll zum Bewusstsein kommt und dies kann nur durch langjährige Gewöhnung erreicht werden.

In welcher Unkenntniss befinden sich noch Arbeitnehmer und Arbeitgeber bezüglich ihrer in dem Kranken-Versicherungsgesetze begründeten Rechte und Pflichten!

Wie allgemein sind die Klagen der Arbeitgeber über die „Wirthschaft, welche ihnen die Gesetze machen!" Die Vorstände der Kranken-Kassen und Berufsgenossenschaften werden von ihren Aufsichtsbehörden mit Einzel- und Cirkular-Verfügungen förmlich überschüttet und ein Gleiches wird wieder den Arbeitgebern Seitens der Vorstände zu Theil.

Es wäre dringend zu wünschen, dass zunächst der vorhandenen Organisation Zeit zur vollen Entwickelung gelassen würde, dass sie sich ungestört der Lösung ihrer schwierigen Aufgaben widmen könnte. Es wird auch dann reiches Material für die Bewährung der Institutionen gewonnen werden, welches wiederum für die Lösung der weiteren Aufgaben auf dem Gebiete der Arbeiter-Versicherung äusserst werthvoll sein wird.

Die Besorgniss, dass der Eifer für den weiteren Ausbau der Arbeiterversicherung erkalten und die Vollendung des begonnenen Werkes gefährdet sein würde, dürfte nicht begründet sein. Die Gedanken und Pläne, welche in der Allerhöchsten Botschaft vom 17. November 1881 niedergelegt sind, haben so lebhaften Wiederhall in allen Bevölkerungsschichten ohne Unterschied der Parteistellungen gefunden, das Interesse für die Fragen der Arbeiterversicherung ist ein so allgemeines und reges, dass man zuversichtlich hoffen darf, es werde, wenn auch langsam, das gesteckte hohe Ziel endlich glücklich erreicht werden.

MIX
Papier | Fördert gute Waldnutzung
FSC® C083411

Kolibri 360 GmbH
Ferdinand-Jühlke-Straße 7
99095 Erfurt, Deutschland
produktsicherheit@kolibri360.de